C30
登機門
的心靈旅程

改變一生的六場邂逅

馬修・莫克理奇 | 著
張純 | 譯

GATE C30

MATTHEW MOCKRIDGE

目次

序幕　不能立刻獲得，因為生命有了更好的安排……005

啟程……009

第一章　與菁英衝浪客羅伯的邂逅……019
卸下面具，重新找到內在小孩

第二章　與清潔人員瑪莉亞的邂逅……063
運用思想的力量，為自己撰寫人生劇本

第三章　與籃球選手梅爾的邂逅……087
紀律的學習與練習，享受團隊合作

第四章　與銀髮婦人蘿絲的邂逅……133
利用短暫的片刻，保持對細微事物的洞察力
第五章　與印地安人諾瓦的邂逅……149
深呼吸與吐氣，找回初心
第六章　與迪拉拉和艾敏夫婦的邂逅……183
因愛而愛，成為孩子的典範
旅程的結束與新的開始……213
回到我的應屬之地……215
結語　別忘了自己內心的旋律……217
致謝……219

序幕

不能立刻獲得，因為生命有了更好的安排

我叫傑森·庫波爾，現在我要訴說我的故事，與你分享發生在我身上的事情。

如果一個人想要到達那隱藏著偉大夢想與快樂心情的目的地，那麼他必須踏上生命中一段充滿意義的重要旅程。可惜的是，很少人會踏出第一步，並常在悲傷與不滿中度過一生。

所幸我的運氣不錯，能夠體驗到這樣一段令人難忘的旅途，發現一個難以想像且價值非凡的秘密，我的生命也因此開始完全改變。我將這次歷險中所學到的一切，以此書與你分享，好讓你也能跟我一樣獲得眞正的快樂及眞實的滿足。

所有在旅途中習得的超凡生命智慧、價值豐富的知識以及扣人心弦的人物，都能爲你未來個人的道路提供方向。你將獲得誠心的激勵，擁有持續不斷的動機、生命的喜悅、眞確的熱忱與恆久的勇氣。在此我向你承

諾，並衷心地祝福你。

在經歷這趟無法忘懷的旅行之前，我失去了對生活中所有眞實美感的感受。我尋找著，但其實自己只是想被找到而已，我總是越跑越快，而不知道是否飛奔在正確的路上。

我的生活有如一本相簿，然而靈魂卻陷入深邃的無意義狀態。我曾走遍各處卻走不到任何屬於我的地方，身爲一個成功的企業顧問，幾乎擁有所有我想要的。我住在精品酒店，享受全球最好的餐廳，和權力大到可以改變社會規則的公司合作。那個時期我什麼都有，卻總覺得欠缺了什麼，而且經常有這樣的感受，一如深藏在身體深處的一片黑暗空虛，彷彿生命中有一塊不見了似的。

直到差點喪失我的家庭、太太莉西——我生命中的最愛，以及兩個心愛的女兒，這才第一次了解什麼是最重要的。透過遇見的七個陌生人，他們奇蹟地進到我的生命中。因爲我第一次眞正地傾聽，使得這幾位有趣人物的秘密和生活智慧，在我們共處的短暫時間中，令我對世界有了完全不同的視野，並將我引入一個全新、眞正滿足與快樂的生活。一連串我原先所咒罵的、彷彿彼此間沒有關聯的事件，後來都成爲我生命中最重要的珍寶。**有時候並不能立刻獲得你想要的東西，因爲生命已經安排了更好的事情。**

今天我知道生命的風向，總是在正確的時刻透露出最大的秘密，在還不知道前，就非常明顯地感覺到它的力量將會永遠改變你的生命。生命中最重要的篇章常是沒有標題的，如果你開始去體驗並相信它在每個嶄新開始時所展現的魔力，那麼這個故事將自然而然地，所有話語會自動呈現在你面前。這本書中所要傳達給你的知識將會找到你，就如來自遠方的回音。

而今天，可能就是你嶄新生命的第一天……

這是有關我旅途中的故事，一定要跟你分享。

啟程

沉重的波音七四七客機，在海面一萬公尺的高空上，對殘酷的亂流毫無招架之力，從眼角餘光中我瞄到右側引擎冒出火苗。幾秒內鈴聲大作的警報系統與閃爍的警告號誌，全面性地壓過乘客們的尖叫聲。氧氣面罩自艙頂落下，燈光暗滅。飛機開始突然往前墜落，夜空不斷地在窗外翻轉。當我感覺到無法控制的機身，不斷加速往我們下方的海洋衝去時，全身因爲恐懼而開始顫抖並更加用力地抓緊座位的扶手。整架飛機的機翼開始扭曲，破裂金屬的噪音震耳欲聾。心跳越來越快而無法繼續呼吸，臉變得扭曲，我緊咬著牙，珍珠似的汗水流過額頭，傳到身上而無法控制的力道也越來越強大。噪音越來越響，機體即將在幾秒鐘內完全解體……突然間，我睜開了眼睛。

鬧鐘響著。那是星期一清晨四點半，我如同以往痛苦地從光線幽暗的臥室中醒來。當我起身時，太太莉西通常會繼續沉睡，這陣子她已經很習慣並且不會被吵醒。但這個星期一卻不同，她不再繼續沉睡，好似也感覺到我的夢境。

我小心翼翼地將被子拉上她的肩膀後，移動到床尾，感覺到她的手放在我肩上，令我心安，但同時有種被逮到的感覺。

「眞的必須再去杜哈？你不是很想降低國外案子的比例嗎？孩子們和我需要你在這裡。」她溫柔的話語碰觸到我最敏感的部分，最重要的人卻都離我最遙遠，雖然我會爲他們做任何事情。

「杜哈將改變所有。等我結束這個案子，寶貝，然後一切都會不一樣，我保證。」覺得這句話彷彿已經說過千百次，但其實我並不希望它最後會成眞似的。我深深地吸口氣起身，並讓莉西獨自躺回床上，我知道，我倆之間已不再像以前剛認識時那樣了。

每個像這樣的早晨，也令我們之間的距離越來越大。感覺好像我們平行般地存在，已經很久不再共同生活似的。這令我心痛，因爲我知道過去眞的愛著莉西，即使我總是不在家，但我倆之間的愛始終存在著。

不知道我還能做些什麼，才能改變這個狀態，因爲工作使我們分離，它卻也帶來生活中所需的安全感。有時候眞想用這個安全感去換取自由，然而我的勇氣卻不足。我聽著莉西在背後輕聲說著：「我們已經很久沒有全家聚在一起了，我想念和孩子們在壁爐前享受著你最愛吃撒有肉桂、葡萄乾的蘋果蛋糕的夜晚。回來吧，傑森！」我不太清楚她的意思，因爲我根本還沒離開呀。只要再做幾宗大案子，我們就會有更多歡聚的時刻。慢慢地我關上身後臥房的門。

浴室裡的地磚好冷，它的靜謐令我感到壓抑。在強力的水柱下，我問自己一個每週一都會問的問題：我生命中何時會出現找尋已久的安寧與快樂感受？爲了它，我每天都這麼努力地工作著，然而每次的答案彷彿都在「明天」。

在把水關掉的瞬間，我的思緒飛逝，時間的壓力驅使我穿上合身剪裁的西裝，駕車直驅機場。

從厚重的晨霧中穿出一條通道，我駛上以橘光照亮的高速公路前往機場。辦理登機手續、交寄行李、安檢——這些過程早已成爲反射動作。一如往常，我在前往登機門的途中買了兩份報紙和一杯濃濃的咖啡。我必須獲得資訊，但其實對這些資訊興趣缺缺，以至於必須不斷喝咖啡才不會睡著。我在商務吸菸室裡迅速地抽了一根菸，多年來總是站在這個地方並問著自己：爲什麼總是無法停下來。我看見了人們，也聽見他們的對話，然而絲毫沒有任何感覺。彷彿每個人都穿透我的身形，完全看不見我，而我總是孤單一人，雖然我最需要的就是與人親近。

枯燥無味的新聞報導著世界各地的災難，例如咖啡有過高的咖啡因含量、過多的廢氣排放等等。我搭的班機已進入登機狀態，很快就要起飛了。頭等艙沉重的座椅彷彿國王寶座似地將我拱起，直到抵達第一個轉機點：巨大的「伊斯坦堡阿塔圖克機場」，一個把像我這樣的人帶到最遙遠國度的國際樞紐中心。我踏出機門，踩進冷冽的清晨空氣中。看了機票後我知道必須前往C30登機門，自此處起將能轉機到卡達。

再吸了一根菸後，我直接進入一間離境大廳的咖啡店，咖啡和溫暖糕點的香味充滿各個角落，我點了一杯從銀色咖啡壺倒出的濃重摩卡。

當抵達C30登機門，我便開始利用時間爲最後的談判做準備。赴卡達首都杜哈，是因爲我擔任原油公司的顧問工作，該企業正將於短期內被併購。如果一切都根據事先規畫的運作，那麼在今明兩天內就能簽下合約，而我那位已經非常富裕的客戶，將會比此刻還更富裕大約一億歐元，我則能根據計畫繼續處理此龐大的業務。在這方面我十分在行，而且一點也不緊張，然而也不會因此感到更快樂或驕傲。在令人暈眩的高階職務與無法想像的壓力下工作，我幾乎像個機器，所有事情都自動運轉，只有心跳還能感覺到是自己的。慣性似乎早就清楚知道我缺乏什麼。還很早的清晨，我的鞋子太緊，我跟隨標準程序走著。

另一根香菸，下一杯咖啡。我極爲專注地研讀許多從筆電中傾倒出來的數字，閱讀著〈財經預測報告〉，卻覺得自己處在一條沒有出口的隧道裡，一直到麥克風大聲傳出一位年輕女性的聲音，才又將我抽離：「各位先生女士，直飛杜哈的六九一航班將延遲七小時。」

什麼？怎麼可能，這絕不能在今天發生！不能在這個最後談判的時刻！此時我的專注力完全消失且情緒失控，混亂與緊張充滿了身體，雙手從鍵盤上抬起而握成了兩個拳頭。七個月以來，我一直在處理的這個案子，只有今天是各方都可以在杜哈會面的時間，而我從來沒有錯過任何一個會議。

現在除了激動，同時還得尋找解決方案：還有其他班機嗎？如果我昨天就飛會怎麼樣呢？我自問是否受得了被囚禁在機場裡七小時，但儘管內心的辯論聲越來越大也無法改變現況，六九一航班是今天唯一能夠前往卡達的班機。我的拳頭漸漸放鬆，這一切無法改變：在接下來的七小時中我將在C30登機門前度過。

距離起飛時間，
還有六小時五十九分

我的時間彷彿因爲班機的延遲整個停頓下來。在以往一向快速的生命中，突然之間，沒有什麼是必須要做的事了，我沒有壓力，獲得了七小時卻不知道能拿它做什麼的時間。覺得自己被放置到錯誤的位置，迷失而孤單。這個莫大的機場將人們帶往全世界的所有地方去，然而我卻一動也不能動。

此刻我想到安琪拉說過的話：「拿走你應得的！我們是創造規則的人，傑森！你能夠擁有所有想要的一切。」安琪拉．迪拉．巴塔是我所服務的企管顧問公司的負責人，在此專業領域中是一位富有及具有影響力的女性，她從父親手中承接這個公司。安琪拉非常優雅、專業、冷酷並且善於計算。有個傳說，她在二十七歲時買下曼哈頓金融區的一棟辦公大樓，就只是爲了要解雇一個服務不能令她滿意的警衛。因爲我是公司裡業績最好的顧問，因此她常常與我聯繫。此刻，我甚至彷彿又聽到耳中迴盪著：「拿走你應得的！你能夠擁有所有想要的一切！」然而這聲音對我完全沒有任何幫助，我擱淺了。

此時突然發覺有個人正看著我，那是個擁有溫暖微笑，深棕色頭髮的女士，一位機場的清潔人員。「您在接下來的七小時是我們這個登機門的乘客，是嗎？別擔心，先生，我也是一整天都在這裡，如果您覺得時間太長而無聊，可以來找我。我不會跑太遠的！」她笑著說並且推著她前方的清潔車。

「謝謝！」我輕聲地回應，並且覺得不可思議。她對每個人都這樣嗎？她只是友善，還是想從我這裡獲得什麼？真可惜，現今眞誠的友誼是多麼地稀有，通常會跟調情混爲一談。當她帶著好心情及推著清潔車，在C30登機門前的座椅做著清潔工作並咧嘴微笑時，我想這是多麼有意思的女人，並且朝她看了一會。

雖然我因她有了一半的好心情，卻萬萬沒想到情況還會變得更糟糕。我伸進西裝外套的口袋，突然發現少了很重要的東西，護照、機票和錢包，都不見了。我全身開始發抖，是不是把這些東西都放在裝筆電的袋子裡了？快速地搜尋所有可能的地方，什麼都沒發現。難道放在飛機上了？不，我想起來了，在下飛機時手裡還握著機票，並且在咖啡店付了一杯摩卡咖啡的錢。我立刻將全身掃描一遍，難道是被偷了？還是不注意時將這些東西放到某個地方了？這勢必是在這幾分鐘內所發生的事。

「您好，我是傑森．庫波爾。我的錢包、機票和護照都不見了。您能幫我一下嗎？那是黑色的皮質錢包、一張前往杜哈的頭等艙機票，我必須趕赴一個很重要的會議。」那位機場的年輕女士顯得非常訝異。

「請您稍安勿躁。我將與保全人員聯繫並告知他們您的物品遺失了。

如果我們找到任何物品就會立刻通知您。當然您也可以自己尋找一遍，您可能將它們忘在登機門附近。」

「謝謝！」我像機器似地進行快速的分析，一如我曾經主導過的許多定期業務談判。還去過哪裡呢？我立刻走回航廈大廳中的小咖啡店。

越過大排長龍的人們，直接走到收銀檯。「嗨，您好！您有發現一個錢包和一本護照嗎？黑色真皮的，裡面應該還有機票。」看來那位站在櫃檯的年輕男士完全不懂這些東西對我有多麼重要，沒有護照和機票，我就不能繼續行程了。「嗨！」我放大了音量，在過去已經很習慣立刻獲得我想要的東西。「嗨，聽我說一下，我需要我的證件。我想應該掉在這裡！」還是沒人理我。吵雜咖啡機的聲音、吱吱作響的奶泡蒸汽，參雜著等候中人群的聲響。我終於失去耐心。「嗨，我的證件在哪裡？」差不多該對著那位年輕的店員大叫了。

他站在咖啡機旁，背對著我，我注意到他突然慢慢地轉過來。

「這裡沒有找到任何東西，但是我可以給你一個建議。」

是他觀察到什麼了嗎？我俯身靠近他，仔細聽他到底要說些什麼。

「無論你是誰，無論在找什麼，你如果用這樣的態度詢問，將永遠都不會找到它。除非你表現得更有親和力一點，否則沒有人會幫助你。祝你好運，我必須繼續工作了。」

他難以置信地搖了搖頭，再次轉身，咖啡館裡的混亂依舊，就好像他從未跟我說過話一樣。

第一章

與菁英衝浪客羅伯的邂逅

——卸下面具，重新找到內在小孩

我似乎必須學習在與人們接觸時，不該像對待我們公司的年輕員工那樣。順著之前已經走過的路線，邊沉思邊走回C30登機門。看著地板，也許我的證件和錢包是從口袋裡掉出來的？但就是遍尋不著。當我抵達登機門時，快速地掃描周遭後，深深吸了一口氣。

「您有看見一個黑色的錢包嗎？我把它和我的證件一起弄丟了。」我問一位在登機門旁邊坐著的男人，然後補充了一句：「嗯，至少從現在開始有七小時的時間可以試著找到它們。哼，今天大概是我的幸運日吧。」這個男人看著我，左邊的嘴角往上彎成一個輕輕的微笑，彷彿覺得我的說法有點不尋常。

他說：「朋友，」看起來一副認識我很久的樣子，「我叫羅伯。」他持續微笑著，並伸出手來。此時我發現羅伯看起來非常健康，他彷彿像個年輕男子般，有著金黃的棕色皮膚而完全沒有皺紋，雖然年紀應該有四十五歲左右了。他的手臂上充滿血管的紋理，結實而強韌。在他及肩的深金黃色頭髮上，參雜著淡色的髮絲，那是陽光造成的天然褪色，不是髮廊的傑作。羅伯穿著一件白色的T恤、一條幾乎撕爛的牛仔褲和一雙夾腳拖鞋，脖子上掛著一條皮質項環，上面掛著微小的貝殼，雙手各戴著一條彩色的手環。他清澈的藍眼睛非常明亮，笑顏顯得誠實而友善，能令人立即感覺得到所散發出來一種潛在的崇高氣質與安寧。

「哈囉，我叫傑森。」我輕聲地回應。

「傑森，你想消磨今天的時間？」

「是呀，也沒有其他的選擇了。我當然更想要現在就找到證件，然後飛機馬上起飛，不需要再進行長久地等待。」

羅伯聽了我的話後笑了一下。「不必起飛，朋友，你應該先抵達再說。」這個嬉皮般的衝浪客似乎沒搞清楚我的意思。

「抱歉，羅伯，但是我不需要抵達，我必須做的是飛離此地。最理想的狀況是我早已登上飛機，前往開會地點的路上。」

「抵達這個世界也是一種開始，第一個眞正的抵達，總是最重要的重新開始。」

我無法置信地搖著頭，這堂早晨的哲學課對我而言已經太過頭了。

「今天有個非常重要的會議，現在證件不見了，這個延遲又讓我整整浪費了一天中的七小時！」

羅伯聽了我的話，他的目光穿透登機門後面的大片玻璃窗，投向滑行道後方正在升起的太陽，說道：「在我知道眞實的時間只以現在式存在之前，我也認爲別人可以奪取我的時間，朋友。你必須停止等待而開始生活，停止尋找而去創造更多。」

「創造更多？你應該看看我的行事曆，我在全世界與重要的客戶一起工作，而創造出比大多數人更多的成果。我睡得很少，爲生活艱辛奮鬥，現在實在沒有時間去聽人說我還應該做些什麼。」

「是的，你擁有的時間確實比你想得到的少多了，然而若以正面思考，這些時間不會消失，它永遠在這裡。一旦注意每個片刻，那麼你便不須擔心時光的流逝。」

距離起飛時間，
還有六小時四十五分

我心裡有一部分想要結束這個談話，繼續去尋找我的錢包和證件，但是羅伯的氣質、深度的放鬆與輕鬆的態度卻令我著迷，無法漠視這個衝浪客也許知道一些我不知道的事情的念頭。他擁有我希望擁有的，顯得這麼眞實與自由。我對自己的想法感到驚訝，因此想了解得更多。也許是他散發出那種異常的寧靜，讓我覺得舒適、平和與自在。

「好吧，羅伯，你說，我的時間不多，爲什麼我應該聽你的？」

「很好的問題。第一個重要的答案是，我所說的都是根據經驗而來。所有我對你說過的，都是自己體驗過及感受到的。這跟理論無關，它關係到的更多，與生命和有意識地決定去創造自我的現實有關。」

「怎麼說呢？自我的現實？什麼意思呢？自我的現實？這裡就是現實！我的錢包掉了。飛機延後了，你也不生氣嗎？」

「不！」羅伯的答案快速而清晰。「我自己決定生不生氣，並不會受哪一航空公司左右！壓力產生，只因爲逆向抗拒著對你產生作用的外力。如果停止讓腦子充滿緊張與壓力、思慮與強迫，你的心會知道生活該如何運作，如果心開始掌舵，那麼你就會開始活在你的現實裡。在此瞬間，生命將不會再受到外界的決定，而你只會純粹地對眼前的瞬間感到好奇。沒有人知道未來會發生什麼事，然而每個人在思慮上卻都活在明天、下次的度假旅行、七小時以後。**當一個人開始停止尋找安定與可預見的未來，他將可以在眼前的好奇心，獲得所有最重要的答案。**」

「這一切聽起來都很好，羅伯，但是原本的計畫和目標怎麼辦呢？這難道不是極端地重要嗎？」

「是的，可是你的計畫和目標都來自大腦，而大腦不可能比創造它的大自然更聰明。信賴這個奇蹟與無法解釋的事物：在你的深處有一個無可否認與不能馴服的力量，這個力量要你變得了不起而非平凡無奇。追隨這個力量就不只能達到目標，並且會尋獲你的熱情。對於那些你眞正受到感動的東西絕非偶然而生，它與你的天職緊緊相連，相信它並且開始去找出屬於自己的聖母峰。

當你還是小孩子的時候，很清楚知道想變成什麼，你的熱情在哪裡，對嗎？朋友。請對自己進行更新，並且再度尋回那些長久以來已經失去的東西。和老朋友或家人談談話，或是問問自己孩童時期的興趣何在。從前你總會做些什麼、什麼總能讓你眞正地開心？這些才是眞正貼近你最重要目標的東西。重新再找到這些魔力並且每天用你的生命塡滿它，眞正的熱情來自眞實的工作與鍛鍊。太多人認爲他們必須先找到熱情才會有力氣每天去工作，其實恰恰相反，只有當你每天爲了什麼而起床，才會產生熱情，因爲你將眞的會變得很好，並且愛上你的學習曲線。當你熱中於一項手工藝時，時間頓然停止。過去在你生命中何時時間會停止？一個你確切知道做了令自己最滿足的事的剎那，就在此神奇的瞬間，你的天分是個禮物，回到那些爲你帶來靈感的地方！

爲此生命的魔術，開啓自我的本質，感受周圍世界的力量。雨點打在你的皮膚上，太陽讓你覺得溫暖，像是在幫助他人時手上的感覺。或是來自一個美麗巧合的禮物——例如我們今天所要搭乘的延遲的飛機。有時候生命中的許多捷徑，卻會導向遲到的結果。你應花點時間去了解它！」

距離起飛時間，
還有六小時三十二分

我真的很想將羅伯的說法，視爲一種奇妙的咒語加上嬉皮的幻想，但是這個人實在太聰明、太瀟灑、太自信了。他的話語離開嘴邊以後，還在我的內心深處繼續迴響。我稍停頓了一下，在一個短暫卻彷彿漫長的休息之後問羅伯：「你從哪裡知道這一切？」

他再度以高高上揚的嘴角微笑著，對我走了過來，用他的兩根食指將長髮塞到耳後，並從錢包裡拿出一張照片。

「你知道這是誰嗎？」

我看了一眼照片，看到一個跟我很像的人。一個中年男子，穿著黑色西裝——看起來就知道非常昂貴，有點體重超重、眼睛疲憊、目光空洞，身旁停了一輛全黑的藍寶堅尼，這輛車令人覺得非常不同凡響，但也一如旁邊那個男人般地幽暗。

「我不認識這個人。」說完並將照片還給他。

「這是羅伯特・柏伊特，紐約最有名的市場經理人之一，也是美國最大廣告公司的創建者之一。」這解釋了那輛汽車與昂貴的西裝外套。

「他怎麼了？」

羅伯的視線再度穿過後面的大片落地窗，投往滑行道後方的太陽。

「他的老朋友總是稱呼羅伯特為羅伯，這張照片裡的男人就是我！」

我很驚訝並且有點困惑。照片上的那個人與羅伯一點都不像，不論是身材、頭髮、膚色，這個與我一同坐在C30登機門旁邊的人，與照片上那個人的神韻根本不同。我對於這個全新且明顯做了正面改變的羅伯特（羅伯）・柏伊特感到印象深刻。一個人怎麼能夠在幾年內從看起來這麼疲勞、不健康像個生病的老男人，突然間變得這麼有活力、矯健、快樂、年輕和帥氣好看呢？這真的是同一個人嗎？隱藏著什麼秘密嗎？是最新的藥劑或是青春之泉？我不確定。

「眞的嗎？這幾乎令人難以置信，羅伯！」

「仔細看一下，我的朋友。」他邊說邊把照片再度放在我眼前。是的，當我再看一眼，從那雙眼睛，可以確認照片裡站在藍寶堅尼跑車旁的男人就是羅伯，這個瀟灑、有活力、穿著破爛牛仔褲坐在我旁邊的長髮人。

「到底發生了什麼事？」我立即追問：「這件西裝呢？相片中的男人哪裡去了？你有了令人無法相信的改變。」

「照片裡的那個男人並沒有注意到他的時間，我在紐約身爲金童羅伯特．柏伊特時，喪失了十多年的時間，而這些時間我再也拿不回來了。我不要不斷地重複過著同一天，並且把這種日子稱之爲生命。這樣過日子對於未來不是個好規畫，反倒是一個回應糟糕人生的藉口。自從我開始妥善地注意到自己的時間後，羅伯特．柏伊特就再也不存在於我的生命中了。」

我完全無言以對。「你怎麼能就這樣停下來？那你的公司和那些該負的責任呢？是什麼將你引導到這條路上來的？」

羅伯的嘴角再度揚起，彷彿隨時可以再次重複體驗這個生命中最重要的決定。「我必須下定決心。」他開始敘述那些年的事業高峰，承受無法想像的壓力，每天工作十八個小時，睡眠時間非常少，而這些犧牲都成爲享受最好的葡萄酒、鮮嫩多汁牛排、最昂貴的雪茄以及最美麗女人的藉口。當時他擁有許多朋友，但眞正的友誼不多。大聲嘻笑，但是沒有喜悅，完美的優雅下藏著深層的汙垢。

「不是每個人都有辦法成爲你未來生活的一部分。我對過去的這些人完全不懷念，他們對我絕對也是一樣的。如果你停止追尋錯誤的友誼，並且開始與自己交朋友，那麼當適合的人出現在你的路徑時，你就能眞正擁有自己的社群。即使與人分離伴隨著痛苦，但別忘了，最黑暗的日子，也將讓你變得更特別，生命爲你而存在。」

羅伯的生命蠟燭，在當時燃燒的速度比他想得快多了。他說：「在一次家庭醫師的定期檢查時，醫生沉重地說：『柏伊特先生，您絕對不能再這樣下去了，不論是工作或是您的健康！』我立刻訂了三週到夏威夷和卡胡盧伊的旅程，遠離所有人事物。若想要體驗從來沒有歷經過的事物，那麼就必須做一些從來沒做過的事。我想要安靜，因此必須停止過著彷彿擁有兩條命的生活，必須離開所有同事、會議、高級的晚餐和宴會。」

羅伯以他如玻璃般清澈的藍眼睛看著我，繼續說著：「我必須思考醫生所說的話，因此在海灘旁租了一間小屋，這是我第一次給予自己時間。我必須離開，因為你無法在自己失敗的地方重新找到自己。必須停止尋尋覓覓，因為生命中的重點不在尋找，而是決定與創造。」當羅伯敘述著卡胡盧伊海灘時，我能看見他的內在在發光。他抵達了一個充滿神秘感，有著原始不羈的大自然和古老傳統的地方，在以前我也經常為此感到著迷。他敘說著他所遇見的人，當地的年輕衝浪客，他們每天趁著第一道曙光，在海上數小時，試著衝破世界上最大的海浪。他們與海洋的力量和諧一致，有著自由的時間而沒有壓力，羅伯享受著這份友善、放鬆和溫暖，並從年輕衝浪客那裡學來全新的生活觀。

「如果你短暫拔掉插頭，幾乎所有事物都能重新開始。海浪的沙沙聲響對你說話，而每滴海水都帶著海洋的秘密。狂野的海洋翻騰心胸，為無限的幻想提供靈感，並且為生命注入喜悅。這是當地衝浪客教給我的，絲毫不需要語言，他們要的不多就能感到充實，而且也將所擁有的少許部分分享給我，因為他們發現我當時很窮，在坐擁所有財富之際。在一個大浪之前我們是平等的，不管你是誰，浪潮都會來，你無法阻擋，但你可以學習衝浪。」

在迷人的生活裡，羅伯開始覺得自己又變得生龍活虎。他發現眞正的朋友，擁有好奇心和幸福感。

「彷彿一個內在的聲音對我說話，應該在這樣的地方生活。爲了獲得眞正的自由，我所需要的東西比我想像中的更少，並且可以重新尋找在生命中曾經失去的。第一次我決定不受令人窒息的邏輯限制，解放自己並相信直覺，感受心中所想而不用理性判斷。我把所有的持有物都賣了，開始環遊世界。我衝浪，我享受，除了衝浪板和背包裡的東西，我一無所有，而這輩子從未這麼快樂過。

我重新發現自己曾經忘記過的事物。自從學會在生命中衝浪之後，我的存在變得輕鬆很多。人們總是以爲生命是場戰鬥，每一天逆浪奮泳。但自從學會放下以後，都是浪潮助我前進。我信任內心的感覺，這成了我的新生命。」他說。

此時他滿意地看著自己的周遭，從牛仔褲、夾腳拖到晒成古銅色的雙腳。無盡的沙灘與清澈的海水已讓思慮變得純淨，內心被喚醒。他很久以前就環遊過世界，然而從未認清它眞實的美麗。

我感到非常地著迷。這位前廣告鉅子兼衝浪的嬉皮，開始讓我心中起了騷動。「你如何能夠不擁有任何東西而感到快樂呢？」我問他。

「你對什麼感到喜悅呢？生命中最美的東西不是物體，傑森。**眞正的幸福乃由內向外發出，而非由外而內。**」

這句話彷彿像一枝箭似地射入我的胸膛，感覺自己被一個完全不認識的人看透。我思索著他的思路，和那些我曾在電視上看過無數的大師、勵志演講者和奇蹟治療師有何不同，我感到些許的懷疑，卻也興致盎然。他的話語撞擊到心中已經很久不再撫觸到的部分。

「那麼由內向外的幸福又是如何運作的呢？」我問。

羅伯很明顯地已在他平步青雲的成功事業外再度找到他的靈魂樂，他開始一個嶄新的生活，擁有和諧又眞實，幸福又滿足的內心。

「啊，沒有什麼能像心中的幸福這樣，既簡單同時卻又困難。」他說道：「一切讓你從內心感到眞正幸福的，都已存於內在。你什麼也不缺，我將不確定感藏在面具之後，讓害怕取代愛，並且拒絕我的幸福。

羅伯說明每天藏在面具後的人有什麼危險：「這樣我們將成爲虛構的人。累積一段時間後，想要摘下面具時，將無法絲毫不受傷，此時的勇氣必須大於疼痛，然而錯誤的環境影響，卻足以摧毀一個人的勇氣。例如社會和廣告的洗腦，教人應該擁有怎樣的外觀、應該穿戴什麼、要駕駛什麼樣的車子，才能感到幸福。我們必須有脫離這狀況的勇氣，將自己的角色包袱放下眞正去愛，才是回到幸福的第一步。你看看我，我什麼都有，但我從來沒有必要提起這麼多的勇氣，例如將所有東西都送給別人，然後一切重新開始，將幸福做爲一個眞正的目標。這種改變是我生命中最重要的一步。

你生命中的幸福，將由你是否將信仰與愛帶給別人幸福所決定。你必須從自己本身開始，找回屬於你眞正的幸福，再度學習愛自己，只有這樣你才能令別人幸福，才能愛別人。唯有能施捨的手，才能擁有，你的眞實性格，會從幫助那些無法爲你做什麼的人們身上看出來。你將從不求回報中，得到你想要的。」

對於羅伯所言，我似乎完全了解，雖然之前從來沒聽過他所說的這些話語。就好像他的闡釋，都是我已經知道的眞相似的，然而我在此之前確實完全沒聽過，現在可眞的很感興趣了。

「我如何能夠精確地從內在學習幸福？有什麼技術嗎？」我問羅伯。

「活著是爲了施予，這就是重點！我在紐約的時候，學習到即使明明擁有一切，卻仍然感到眞確的空虛，彷彿我身上有許多孔穴似的。」

我很清楚他說的是什麼。

「每個人身上都有這樣的孔穴，害怕、悲痛、孤獨、不確定性。而你從來無法從外面去補滿這些孔穴，相信我，我已經試過了。用錢、性行爲、權力、汽車、服飾、毒品、藥物，都沒有用，只會讓這些洞變得更大。我看過厭惡自己工作的人們，他們借了錢去買些東西，希望藉此變得快樂。但因爲他們借了錢，便被逼著在一個比過去更令人厭惡的職業裡，更辛苦、時間更長地工作著。金錢由數字組成，數字是沒有止境的。如果你在數字當中尋找幸福，你的追尋將永無止期。一個已經實現的物質願望將不會消失，卻將由一個新的願望所取代。就算你並不熱切期盼抵達終點並活出你的夢想，最終它將成爲一條沒有終點的路，而總令眞實的幸福漸行漸遠。」

「那麼如何能走出這條永無止境的路呢？你是怎麼辦到的？是如何將你的孔穴塡滿的？」羅伯往上看了一下，隨即輕聲地說：「藉由我幫助其他人活出他們的夢想，我便活在夢想裡了。給予、分享，爲別人的成功感到開心！每天都贈予人們你的誠懇和親切的力量！這也是你靈魂傷痛的良藥。**這個世界充滿著好人，如果你找不到，那麼就把自己變成其中一個。如果你無法讓自己幸福，那麼就讓其他人覺得幸福，神奇的事就會自動開始發生**。當你誠懇地做出決定時，也會同時提升自尊和爲自己感到驕傲。此時，你只需保有純粹的心。」

「你可不可以再說得更具體清楚一些，我能做些什麼，好讓我經由決定提升自尊？我尚未完全了解，羅伯。」

「對陌生人微笑。」

「什麼？」我難以置信地詢問：「那怎麼夠改變我的不確定性和恐懼，這聽起來太過容易了。」

「許多令人幸福的東西其實很簡單，然而這不表示它會自然而然地發生，尤其越簡單的事物越容易被忽略。你是否常希望有再重新認識某人的機會？能夠展現你的誠實和善意，感受到人與人之間眞正的連結。基本上我們都是一樣的，朋友。同樣的太陽溫暖我們的肌膚，我們呼吸一樣的空氣，你能感受到越多，那麼你就能夠傳送和獲取到更多的尊重和同理心。誠實地問問你自己，上次對陌生人微笑是什麼時候？傑森。」

他說得有道理。我已經漠視周遭的陌生人許久了，更遑論對他們微笑。

「試一次看看！」羅伯邊說著邊揚起他的嘴角：「不管你選擇的是誰，笑得誠實！別人在你面前的感受，能夠說明許多你意想不到的事。」

我突然緊張了起來，覺得自己被人觀察透澈。我現在了解，羅伯提到看起來簡單的事物卻需要勇氣的意思了。不對任何人微笑，無視我的周遭環境，一切和往常一樣，事情會比較簡單。然而我信任羅伯，環視著登機門C30，所有六九一班機的乘客坐滿了前前後後的位子，有商業人士、家庭成員、年輕人、老年人。我的目光停留在一位年長的女士身上，她的樣子令人覺得親切。她似乎感覺到我的注視，我們的目光相交，非常明顯地感覺到彼此都很認真地看著對方。那是一種強烈地，長久以來我都沒有再體驗過的感受。我真的很緊張，深深地呼了一口氣之後，對她微笑。之後發生的事眞是無法描述，我能夠以慢動作看到我的微笑如何與她接觸，她很開心並且回眸微笑。我們創造了一個很特別的歡欣、幸福能量，而且能彼此交流，在這一瞬間共同創造了一種屬於彼此的幸福。

我被感動了。雖然目光逐漸相離，但仍深深受到感動。我很開心並興奮，證明我的勇氣獲得了眞實的幸福感。羅伯看著我並以英國腔咧嘴微笑說：「好，朋友，你學得很快！創造幸福是你生命中最重要的一課，但它其實比你想得還簡單。一個微笑可以令一段友誼開始，一個字能夠結束一場爭吵，一個目光能解救一個關係，而一個人可以改變你的生命。」

距離起飛時間，
還有六小時十分

我實在沒辦法停止微笑，並且覺得自己非常清醒、充滿歡喜，並想做出一些行動。我想知道更多和了解此刻的我到底是怎麼了。通常在這樣的狀況，我會忙著閱讀當日報紙的財經版或是準備即將到來的會議，然而我卻被眼前這個人和他在卡胡盧伊沙灘上的生命轉變產生了極大的興趣，這眞是個不可思議的變化！我無法不去聯想，羅伯在夏威夷海岸邊經由衝浪而學習到的秘密，也有可能影響我的生命。我的感覺變得越好，就更明顯地了解到，長時間以來，我已經遠離了熱愛的喜好與眞正的朋友了。

「這樣的感受眞好，羅伯。還有其他更多，像這樣有效的技巧嗎？」換羅伯笑了，不再只是嘴角微揚，而是對我的快樂感到高興並且咧嘴大笑。他點著頭說：「世上還有很多其他的技巧，我很樂意傳授給你。而你只需要對我做出一個承諾：告訴其他人你今天所學習到的東西。這個技巧會有幫助，它令人快樂並帶來喜悅。只要你認識了它，那麼你就有義務去分享它，讓越來越多的人因此而喜悅！」

「好，就這麼說定，羅伯！」我迅速地回話並想著能對誰分享這些。我認識的人不少，而他們一定會對在生命中獲得更多幸福而感到高興，特作頭銜、名片。人們將自己隱藏在快速、漠不關心、自私與強硬的面具下，目的是保護最深層的內心，避免受傷、被嘲笑和惡意對待，然而不知在最深的內在藏著眞實的幸福。用面具來保護靈魂，卻因而喪失了眞實性。」

我從他的話裡看到了自己。我所建立的專業、權力和特權的展示，高級西裝與昂貴餐廳，這些都不是眞實的。同事和我講的是無意義的空話，我們並不會對彼此開放自己。

「你曾經到同事家裡去坐坐嗎？見過他的妻子和孩子嗎？」

「有啊，就在上個月，在一位還很年輕的人事部經理萊恩家裡！」我想起來了。

「那麼萊恩怎麼樣呢？他跟在辦公室時是一樣的嗎？」

我回憶起那次非常放鬆的氣氛，我們一起大笑，眞的非常開心。「不是，」我說：「那一次很不一樣，那晚他完全像是另外一個人！」

「當我們開心並且覺得安心自在時，面具就會卸下來。當我們跳舞與大聲唱歌、當我們與朋友們或家人聚在一起、當我們獨處時，就會過著眞實、眞正的生活。

但最大的問題是，人們總還是想著必須在工作時戴起面具，才能夠獲得成功、受人尊敬。裝出一副沒有情緒的樣子，通常比較簡單，但實情是：**做自己，才能眞正得到別人的尊敬。當面具被揭穿或感到受傷時，顯示出眞實的情緒，才會感到眞實的快樂**。要吃蛋，必須先打破蛋殼，請卸下你的面具。」

我對站在C30登機門前的羅伯，這位菁英衝浪客的每句話，均感到著迷。我必須知道更多，我有種感覺，彷彿每個新的問題都將爲我開啓一個充滿全新領悟的世界。

「爲什麼我們總是不斷地戴著面具？爲什麼我們不保留最眞實、最好的自己？你看到那邊的小男孩了嗎？」羅伯指向那個孩子，大約五歲吧，他在C30登機門另一邊的大落地窗前玩耍，那正是羅伯將目光投向滑行道後方升起的太陽時，所穿透的那塊大片玻璃窗，靠近我剛剛喝咖啡的小店。那個小男孩唱著歌、跳著舞、爬上椅子並顯得非常開心，獨自一個人與他的幻想。

「他非常地眞實，充滿歡樂與幸福感。他的念頭純眞，心地純淨。我們所有人的心裡都有這樣的內在小孩。然而這個小男孩很快會進入學校，然後人們會告訴他必須安靜坐著才行。他的幻想也即將被評分標準壓迫，直至摧毀。他的肢體感受、同理心、內心深處的歡樂，所有這些都會在那個爲他準備好的世界裡消失。先學習，再玩耍。這個孩子心裡的火炬將被漸漸熄滅，閃爍在他眼裡的火花將會顯得遲鈍，他將會遺忘今天如何在這個機場裡充分地享受過歡樂和無懼，並且活出了他最棒的生命。不久以後他將戴上面具，就像我們大部分的人一樣。

每個人內心都藏有一個孩子，但是我們必須記得並且有勇氣去摘下那張面具，讓我們心中的那個孩子能夠透射出來。享受短暫的休息，在這瞬間不要只是向前邁進，而是停下來聆聽我們心中那個孩子的笑聲。這幾秒鐘擁有無限的潛力去讓其他人感到快樂，也因此讓我們自己感到快樂。如果你想每年變得更年輕，就必須找回那個孩子。有些人覺得自己二十歲很老，而有人七十五歲仍覺得自己還很小。時間和成就是人們發明的概念，孩童帶著清澈澄明、無畏和無數夢想而出生，然而在前二十年他們被強迫忘記與埋葬一切，並且開始戴上面具。**我們應該在未來的日子裡嘗試將這種澄淨和不羈的無畏、偉大的夢想及誠實的愛再度找回來**。生命是個旅行，它能將你帶回家。」

羅伯說他剛開始實踐學習到這原則的前幾週，非常明顯地感覺到，自己是如何回到本我以及找回眞實的快樂、身體的強健、心靈的健康，以及無法遏抑的創意。內在的發展也能從外表看見，因爲他已經將自己的生活完全改變。他以所有力量和勇氣搖撼著生命之樹，爲了能夠擷取豐美多汁的果實。彷彿他眞的變得更年輕了，他結實的體魄和富有彈性的皮膚，被陽光輕輕地撫觸著，在他內心裡的那個小孩再度發出光亮而越來越明顯可見。

「你是說，生命不是以死亡做爲終點，而是出生？」我困惑了，人生哲學整個被顚倒了。「這個社會應該對人們感覺到的害怕負責任？這聽起來像個陰謀論，羅伯！」

「恐懼創造了結構和秩序，向來都是這樣的。如果你想賣點什麼東西，運用恐懼是最好的方法！這個世界建築在恐懼之上，最成功的廣告，往往正是利用人類的恐懼。你身上穿著的昂貴西裝，並非因爲布料高級而被買走，我想你甚至說不出來那是什麼布料。這套西裝能夠被賣出，是因爲不穿顯得自己不夠強大與成功，尤其當你沒擁有它的時候。」

他說的沒錯。往下看著自己穿的設計品牌西裝，回憶起購買它的那一天。當時我很清楚，必須就是這套昂貴西裝才行，否則同事和客戶將會怎麼看我？這個恐懼趨使我購買。反思我的日常生活，突然間發現其他由恐懼所定義的生活大小事。我在工作上一直嚴厲與直接，只是因爲害怕顯得軟弱嗎？我與老婆莉西針對工作和很少待在家的事實所進行的討論得到一個結論：我容易激動、沒耐心，缺少體諒。是我害怕對她承認，其實自己工作得並不開心，因而導致強烈地爲我所做的決定辯解？爲了站在自以爲對的那一邊？爲了使自己看來更強悍，其實是因恐懼而生的軟弱造成的？

「如果你有勇氣放下一切，那麼你的問題就會消失。我知道，這聽起來非常矛盾。我們總是被教育得被強迫購買或贏得快樂，放下這些令人感到不安，然而快樂卻是經由放鬆而來。」

我既感動又迷惑地說著：「可是如果我放鬆，將如何能夠成功呢？我非常有抱負，也因此總能達到目標，如果聽你的建議，那麼我的進步將會減緩，目標將很難實現。」

「千萬不要將自己的愉悅建立在目標上，不論在路上、每個瞬息間，和在擦身而過的人，都該讓你自己感到開心，擁有眞實的歡愉和眞正的快樂。你必須信任你的感覺，信任是它的基礎，沒有信任的話，世界上的任何業務都無法運作。我也停止了，因爲對我自己和對別人而言，我已經不再値得信任，並不是因爲我變成一個壞人了，而是我的心已誠實地不再對這些事物感到心動。心的能量比腦多出很多，傑森。」

「眞的嗎？這我完全無法想像，我們所有的作爲不都是藉著腦來控制的嗎？」

「這已在科學上獲得證明，從心臟傳送出來的電磁波，比從大腦發出的更強了好幾千倍。當有人誠心地爲你擔心或眞心獻上愛意時，你都可以清楚地感受到。即使你的人位在完全不同的地方，仍然可以感受到一顆誠摯的心。大腦做不到這一點，不論你的大腦擁有多少能量，你也無法透過高度的聰明智慧來取代眞實感受。當我了解這一點後，知道自己必須停下誰以及誰愛我？我主張什麼？今天我能夠幫助誰？今天我將克服哪個恐懼？今天我能做什麼，以使得明天的我能感謝我自己？這些問題協助我了解當天所該面對的，並且非常有意識地去體驗。」羅伯說：「在清晨，當你的本質經過靜心休息還非常純淨之時，正確的問題將指引你接下來一天的正確道路。起床之前我就會問自己，例如我對誰特別感激？我用精神去想著他們，用每次的呼吸及享有高度的寧靜，一步接一步地趨近，去感覺他們彷彿在我身邊似的。我也對這些人們有意識地不斷敘說，他們是我每天感恩念頭中的一部分。有什麼能比聽見此話更美好呢？我的朋友。」

再度感到著迷。光只是想著一、兩個這麼簡單卻又強而有力的問題，便已經將我的心思帶往一個充滿未知的地點了。這些年來，充滿了邏輯、分析、理想化、仔細思考過的句子，以及學習扮演一個功能良好的角色，明顯阻礙了我對於自己和所有生命中美好的事物進行思考。過去這些年，我的情緒遲鈍而想像力比記憶中的小很多，然而當羅伯提到一個關於感謝的簡短思緒改變了一切。

「感謝會幻變，它的重點在於尋找到許多眼睛看不到的事物。」羅伯說著，並談到他如何從卡胡盧伊無邊無際的沙灘，學習到從稀鬆平常的事物中發現禮物。他所遇見的年輕衝浪客們，似乎都能夠從彷彿負面的事物中看到正面的意義。

「這些年輕人一點也不沮喪，因爲他們在共同吃完晚餐後一起清潔整理，因爲擁有朋友感到高興。他們不會因爲要繳稅而不高興，反而對於能夠有個工作感到歡喜與感謝。」羅伯談到許多生命中被視爲自然而然的小東西，其實是耐心等待被發現的偉大奇蹟。

羅伯關於感謝的思慮令人感動，但是我對於理解他的觀點有些困難。我太常有不能感受到眞正快樂或感謝的感覺了，甚至在大型的和重要的公開場合中也是如此。

「爲什麼常常很難覺得感謝呢？羅伯。」現在我也想知道。

羅伯對我敘說著不同的心理模式，身爲廣告與行銷專家的他必須說出所有最微小的細節。「有些主要原因，」他先談到一種所謂的適應性期待現象，那是一種心理上對於新狀況的適應，以便讓特殊現象趨於正常後消失。「要求會改變，因爲條件有了變動。回憶過去那些日子當中，你曾經非常渴望著自己今天所擁有的，對你當初而言屬於眞正奢侈的，但今天對你而言是常態。」我立刻想到我的第一輛汽車，一輛老舊的深綠色汽車，車牌上有隻開心笑著的海豚，雖然座位中的軟墊都已經破損，但是這輛車在當時卻是我最大的驕傲。而今天我所開的深黑色豪華轎車，空調系統卻是我最大的問題。「覺得自己貧窮的富人們，很習慣在每次購物時感到絕望，他們總是與別人較量，像一場無止境的遊戲般，永遠沒有勝利者。」羅伯並補充：「正是這種習以爲常和想當然耳，使得人們更加不快樂。」

「許多人是眞的孤單，他們處在有史以來最富有的世代，針對任何意外風險都有了保險，彼此間幾乎獨立存在、互不依賴。這樣的獨立性，在小公寓裡生活著，非常孤單、和人沒有眞正的聯繫，對於一個眞實社會中的團體活動興趣很低。人們把健康、朋友、工作和安全看作是理所當然，因而冒著失去最眞誠歡喜與感恩的風險。」

「該爲別人做些好事。」我輕聲地說著。

「你的筆記裡還寫了些什麼？」我耐心地詢問：「還有，筆記中貼上的照片到底代表什麼意思呢？」羅伯翻開那本黑色的本子，在最前面兩頁的左側上列著文字與簡短的句子，右邊則貼著許多照片，彷彿是種拼貼畫。我認出一個白色沙灘，一個充滿彩色田野的遠景及一個遙無止境的藍色天空，一條由橄欖樹構成的林蔭大道，長得高高的草迎風搖曳。這張照片使我想起在童年時期，夏天經常與父母在托斯卡尼度暑假時看到的風景和度假小屋，一切顏色是這麼的飽滿，我看到的景象是紅色的夕陽下山、淺藍的海洋以及開懷大笑的家人，彷彿那些照片都重現在眼前，栩栩如生。

「我日記中的最前面兩頁是我的基礎，我的不變常數。這裡描寫了我的價值觀和目標——兩者並肩齊驅，因爲，沒有價值觀的目標將是沒有價值的。」

「這是什麼意思呢？羅伯。我總是擁有遠大的目標，直到今天都還是，我要如何才能知道它們不是沒有價值的呢？」

「你的目標必須與價值一致。如果你的目標是擁有一輛昂貴的跑車，然而價值觀卻是希望簡樸，這個目標將是沒有意義的。你應該弄清楚，自己的價值觀是什麼、會爲什麼擔保、相信什麼，對什麼特質感到印象深刻與欽佩？問問自己，希望從別人那裡聽到什麼有關你的事，當晚上睡覺還未闔眼時，你想要成爲怎樣的自己？你將上述這些寫在筆記本的第一頁，並且在每個清晨和傍晚再看一遍。我是個非常視覺化的人，當你對自己的願景不清楚時，現實生活總會受到其他人看法的影響。當你的價值觀很清楚時，便可以確立目標——用言語或圖畫寫下都可以。問問自己：今年想要達成什麼目標？什麼事情想停下來？想要改變什麼？想成爲什麼樣的人？想進行什麼樣的例行事務，以達成目標？」

「然後每天審視這些目標，讓目標在心中內化並且成爲眞實，對嗎？」

「沒錯，你已經了解了！如果你對什麼事情都如此看待，那麼它將成爲你眞實的現實。這並非來自任何魔法，而是因爲你不知不覺有了動機，去對這些心靈圖像細說耳語而讓它們成爲眞實。所以要確立自己的價值，追隨你那獨一無二的生命目標並且定時檢視自己，知道最想達成的是什麼，並且總堅信你能夠達成目標。」

「那我到底應該寫些什麼呢？」

「列一個檢查清單。問你自己今天必須做什麼，才能讓今天獲得最好的利用，並且能夠更接近我的珍貴目標。有人利用時間打破紀錄寫出數本書，他珍貴的目標就是一本完成的書，所以每天的例行公事就是花兩小時書寫，規律性能夠創造出無法想像的力量！」

我明白羅伯有關例行公事思想的背後邏輯，然而我身為企業顧問，卻覺得不同的變化比較吸引我。我無法了解例行事務和變化的關係，因此提問：「總是一味遵循成規不是很無聊嗎？」

羅伯大笑地說：「你絕不該把例行事務與單調混為一談，即使我的筆記中充滿例行事務，而且我根據它來設計我的生活，去體驗眞正珍貴的日子和在這些時間當中令我感到快樂的一切，我的生活充滿著變化和自由。單調總是潛藏在生命裡、躲在安全的保護中，以及在受到肯定與獲得歸屬感之時。如果你不改變每天所做的事，那麼你的生命將永遠不會改變。一個令人滿足的生活關鍵不是永遠追尋安全感，而是積極謀求新的可能，以及在每天的例行事務當中，追求最高價值和願景的勇氣。你現在也許還不能了解，然而由自己決定的例行常規，卻是眞實的自由。」

聽，他再次對我說明有關控制自我現實的能力。不會受到傷害、完全地控制和深沉柔軟的平靜。

「你有感覺，但是你只是將它視爲反應而已。只有脆弱的精神會有反應，因爲它沒有對於反應的控制能力。反應是脆弱的，但行動卻是強大的，我的朋友。」

我越來越緥緊。到底羅伯了不了解我剛剛說過的話呢？他看不清我明明就是個積極而且聚焦在工作上的人嗎？

「我這樣做了呀，羅伯。我是個非常成功的男人，我相信自己知道在做什麼。」

「你知道你在做什麼，因爲你反應著，而反應是可以計算的。在生命旅程中有駕駛也有乘客，駕駛主導方向，乘客只能跟著走，你是什麼呢？」

「我做很多重要的工作，羅伯，我當然是個主導的行動者！」我睜大了眼睛，這是個什麼問題。

「這麼說好了，跟你工作有關的部分：絕對不要把重要的工作和累人費時的工作搞混了。在一個你忙得不可開交著的世界裡，你將會很快地忘記眞正重要的工作：關於你自己的工作。爲了眞正變得快樂、爲了能夠達成其他的結果、爲了能夠改變，你必須做其他的事情。如果你不做出改變，這些事情將不會有任何改變。變化必須在你身上發生，否則你會讓老問題不斷地加到新的任務上去。」

一陣靜默在我和羅伯之間。他說得沒錯，彷彿他是最熟悉我內心深處世界的人。總是不斷地在我生命中重複著同樣的問題，除了人不斷地改變，問題沒變。我與莉西的問題，和其他在她出現前的那些女性的問題都是一樣的。一樣的爭辯，一樣的狀況，一樣的情節不斷地重演。如果我眞的想要改變什麼的話，首先必須改變我自己。因此我終於輕聲問著羅伯：

「那怎麼做？」

「這個任務將是所有當中最困難的了，但同時也是你生命中最重要的任務。你的全身、全心和你最內在的樣子均將感受一種全新的、獨特的能量。當它發生時，你將會非常清楚地感受到。」

我變得很緊張，因爲我相信能夠感受羅伯所言。如同一道正面能量的閃電經過我全身。到底我在C30登機門旁發生了什麼事？我從未察覺到自己有過這種感覺。

「你是說，如果它發生了我將會知道。我將會感受到？」我再度檢驗自己。

「不只是這樣，你將會了解生命的意義，並懷疑自己以前是怎麼存在的。你會在生命的每個瞬間裡不斷重新愛上自己。你將總是想要微笑，就這麼簡單。」

羅伯提到，讓自己意識到去做想要改變的事有多麼重要。針對生命中許多想要改變的部分沒有真正的覺悟時，將不可能有任何改善與進步。他說，誠實的認知總是必須在永續性的改變前發生。對此，我應該找出什麼是我真的想要，而什麼是我不想要的，我是誰而生命應該往什麼方向繼續發展下去，當不明白自己要前往何處時，總會到達別的地方。

「改變是這麼的重要。」羅伯提醒我，改變是大自然最親密的朋友。被第一道春光輕撫的寒冷冬天、黑暗的夜晚和它的閃亮星星，以及每個讓世界重生的日出。「你想去哪裡？你想要什麼？你究竟是誰呢？你真的會些什麼？什麼能讓你快樂、悲傷、憤怒？這些問題的答案將把你帶回本我。這些問題中所搭載的珍貴寶藏能讓你看到，在你因爲外來影響而改變對於世界的看法之前，自己曾經有過的樣子。」

我嘗試系統化地對我的生命進行階段性整理，仔細針對羅伯剛才的問題進行思考。然而這一切對我而言都太過於哲學性了，我習慣以數字和事實來思考。

「我能在哪裡找到這些問題的答案，羅伯？」羅伯現在直接看著我。

「傑森，停止用你的頭腦去思考，用感覺去連結這跟什麼有關。腦子想得有限，但心卻是無邊無際。正因如此你在此地，爲了回憶眞正的你到底是誰，生命將給予你支持，你會認識人們、體驗事物並感受痛苦，全新和未被發掘的，或甚至早已被遺忘的美麗，將重新在你之中重生。疼痛與恐懼常是你正走在正確路途上的重要證據，若有誰感覺到疼痛，將可以感受到眞正的同理心，以及看見他人的苦痛。如同一個孩子明白同理心是所有道德的基礎，你的內在小孩已經知道所有答案，他一直都知道的，只須問到正確的問題就能夠再度憶起，邏輯、聰明才智、一致性、自己的面具，以及充滿無用目標的空虛自我形象這些只能提供答案，卻無法提出問題。我們的社會總是獎勵正確的答案，從來不獎勵正確的問題，雖然提出正確的問題比正確的答案其實困難得多了。」

他起身簡短地說了一句：「請幫我看一下背包，我馬上就回來。」然後走向了機場的大廳。

我深深地吸、呼了一口氣，視線飄過C30登機門旁的乘客，落在那個小男孩上，他仍然在候機室的另一頭玩耍、笑著，並且完全享受著當下的瞬間。羅伯這個充滿神秘的衝浪客和我的所有談話，感覺彷彿一場夢境。我思緒中有著無數的圖像，資訊繁多，雖然如此卻很清楚，有許多新想法，其實很多內容我都該知道的，也許只是忘記了。我在一份報紙上寫下還記得的部分，並清楚地知道，必須將這段談話中的訊息全部保存起來。

第二章

與清潔人員瑪莉亞的邂逅

——運用思想的力量，為自己撰寫人生劇本

當再度想到我掉的東西時，那沉潛的感受、靜謐和深厚的滿足感一下子就被打散了。與羅伯談話，讓我在片刻間忘記了應該繼續尋找遺失的東西。我去了一趟廁所，也許錢包之前掉在那裡了。當抵達男廁時，因為匆忙而沒看見門口的牌子：「地面濕滑，小心滑倒」。地板剛被擦過，幸好我還能在跌倒前抓住洗手槽。

「喔，非常抱歉，先生！」我聽到一個耳熟、年輕且輕柔的聲音說著，這個口音聽來像是西班牙或南美洲的腔調。的確，在男廁裡如鏡面般亮晶晶的地板上，正站著之前那位年輕女士，她再度展開燦爛的笑靨，以她那閃亮的棕色眼睛看著我，並且用拖把撐著身子。她大約三十歲左右，有著橄欖色的皮膚，身高不高，精瘦且擁有茂密的栗子色波浪捲髮。她穿著一件別著名牌的圍裙，這一次我能夠認出牌子上寫的字：「瑪莉亞」。突然覺得瑪莉亞非常美麗，和我有一種似曾相識的感覺。

距離起飛時間，
還有五小時十五分

瑪莉亞給了錯誤唯一合適的稱呼，叫做「經驗」，並建議我照著做。她說：「人生這部電影，是關於如何盡力而爲，勇於犯錯，並在錯誤中找到優勢，從中學習。即使每天只犯一個小錯誤，每天試著變好一公厘，一個月後，就會變好三公分了。錯誤的加總決定了成長的力量，還有自己曾走過的路。」

瑪莉亞一次又一次地強調，爲自己和工作全力以赴是很重要的。因爲她了解，如果從藝術的角度來看，她的工作對許多人來說並不美，但她從工作中發掘了自己最大的熱情，每天都在無限的美麗中找到新的啓發。正是這種思想力量讓她不用坐飛機就可以飛翔。這是屬於她的驕傲，她把工作的目標看得比自己更重要，透過努力，讓別人快樂也使自己感到滿足，在過程中即使犯了錯誤，也能從中學習。她是自己這部電影中的眞正女主角，不需要聚光燈就能從內在發出光芒。

她很堅定地繼續地說著：「如果你想變得更好，並且因能向自己和其他人展示自己的能量而感到驕傲時，你就會了解眞正的自己。當了解自己的眞實身分後，才會對自己完全滿意。只有這樣，才能找到內心的平靜。找到自己，其他所有事情都會自然而然的發生。然後，你會有意識地做出正確的決定，混亂也因此消失，幸福隨之而來。人們總是認爲，努力自我督促並勇於犯錯需要非常多的能量和勇氣。其實，與內疚感、平庸無奇和漠視自身潛力共度人生，反而浪費更多的精力。如果登機門前沒有比之前更乾淨，如果我沒有比昨天更好或更親切的話，我就沒有成長。當我停止成長時，就是死亡的開始。如果我們沒有實現蘊藏在內心的一切想法，那麼將失去對自己的尊重。不去實現夢想，在該前行時停滯不前，對自己不誠實，並對自己的無限潛能不能負起責任時，傑森先生，這可能會摧毀靈魂。」

在我眼前這個瘦小女人的想法眞令人振奮。她把我眼前每一個未知數變成了可能性，每一個障礙變成了機會。難道瑪莉亞是工作狂？還是來自哥斯大黎加叢林的心靈超人？無論如何，我似乎無法理解這個女人是從何處獲得這麼多的能量，但是至少讓我感興趣的是她事後如何還能夠冷靜下來。所以我問她：「瑪莉亞，妳如何放鬆自己？看來，妳每天在電影中積極扮演主角，應該也會消耗大量精力吧？在機場待了一整天後，妳能安然入睡嗎？」因爲我知道在精力充沛地辛苦工作一天後，要放鬆有多麼困難，所以非常期待她的回答。

她立即以平靜的語氣說：「每一天都是美麗的心靈綠洲，你只需要了解並信任它們。它們就像在機場的旅客一樣，來來去去。」

「我在哪裡可以找到這些平靜的綠洲呢？」

「它們總是和你在一起，在你周圍的每個角落，傑森先生！」瑪莉亞比了個大手勢，向我展示了周圍的環境，對我而言，這看起來就只是普通的機場廁所，我懷疑地皺眉。

瑪莉亞把我拉近廁所入口的門，「小心滑倒」的標誌仍然放在原地。她把門開了一個縫，所以我們可以看到寬敞的機場大廳。然後，她讓我注意到了機場停機坪後面的風景，可以從大門盡頭的大窗戶看到。

「傑森先生，你看得到在風中搖曳的樹葉嗎？」

我睁大眼睛，試圖看看她所看到的，遠處樹枝緩慢地搖動，我可以感覺到風中樹葉簡單地對我說話，並告訴我無論身在何處，都能尋得一種平靜，這無關於我看的是什麼，而是我心裡想看到的。

瑪莉亞說：「享受自然之舞，然後繼續前行。每天都有無限的可能找到內心的平靜，傑森先生。只要你有勇氣一次又一次地踏出步伐，並感受這種平靜。多數人整日夢想得到，但卻仍然疲累。站在平靜的綠洲從夢中醒來，辨識出圍繞在我們身邊的奇景。你只有在清醒時才能找到原始的任務、人生的目的、屬於自己的電影情節、讓你成為英雄的原因、你的價值觀和原則。清醒時，你會聞到花朵的芬芳、找到眞正喜歡的東西，並將精力集中在這種熱情上。一旦做到這一點，人生將變得充實，寶貴的價值就可以輕鬆地融入生活中。你會覺得世界給你帶來了順風，因爲你正循著正確的方向航越人生的海洋。」

距離起飛時間，
還有五小時十一分

我無語了。這個瘦小女人的思想深度是無與倫比的。我能看見葉子，我也明白她的意思。它們其實一直在那裡，但是我以前從未眞正注意到。我需要明白更多事，於是接著問：「如果找到眞正的使命，我該怎麼辦？那將有什麼會發生呢？我該如何每天堅持自己的使命呢？我甚至不知道自己的使命是否正確？」瑪莉亞帶我去看位於廁所水槽上方的鏡子，我現在正直視自己的臉。

「我喜歡鏡子，傑森先生，我們可以透過鏡子表面，看到自己的內心深處——用你自己的眼睛看到眞正的自己。看著你自己的眼睛，告訴自己你的價値觀、原則、地位、使命、氣概。如果你相信自己，那表示已經找到了最好的自我和正確的使命，就可以用誠實的眼光永遠找到它們，傑森先生。每天都照鏡子，對自己說話，提醒自己生命中最重要的支柱，並深信你所說的一切，你將立刻知道它是眞實的。在眼底找到眞理，即使會有傷害，但眞理也只會傷害一次，反之，你對自己說的謊言，會在每一次回想時傷害你。」

在瑪莉亞說話的同時，我也深深地看著自己的眼睛。這是一種奇怪且陌生的感覺，我從未像現在這樣自覺性地看著自己的眼睛。我看到了許多，好像眼睛想訴說一個關於我和內心生活的故事，同時我也看到了問題和解決方案。

瑪莉亞說：「經常和自己說話，這會是最誠實的對話，因爲你的眼睛永遠不會說謊。明確自己的價値觀、原則、立場以及對你眞正重要的事情。每天早晚，深深地凝視眼睛一陣子並覆誦自己的原則。每次重複，思想的力量就會變得更強大。而且，當你不斷重複想像你最佳的生活時，那麼這些想法的力量將會越來越強。傑森先生，你應該重複對自己說，每天三遍、四遍、五遍，對自己充滿信心，自信地過生活，然後，你的期待也將會成眞。」

我眞的聽懂她說的了嗎？「瑪莉亞，妳是說透過訓練可以增強積極思想的力量，就像鍛鍊肌肉一樣嗎？我只需要每天早晚覆誦幾次我的原則和

瑪莉亞笑著點點頭。「這些人格特質是一切的基礎，它們準確描述了您想成爲的人。」她說這就是人們想要的價值觀，也是每天都能達到的內在目標。對於這些特質，和對自己的性格抱持的期望，如果我不得不描述自己，會不會因爲聽到這些描述而感到驕傲呢？我思考了一下。我想成爲什麼樣的人？一個永遠誠實，忠於自己的家人和朋友的人。一個有紀律，追求理想，做好事的人。一個充滿同情心，尊重他人並幫助弱者的人。

我感覺到瑪莉亞聽到了我內心對話的每一句，她輕聲說：「你看，傑森先生，這些價值觀會是關於你最好的描述。如果你經常提醒自己，深深地注視著你的眼睛並探索你的靈魂，那麼你將越早按照這些價值觀過生活並找到眞正的成就感。因爲正如這個詞所說的，實現塡補了每個人心靈的空虛，這種空虛來自於痛苦，這樣的痛苦是因爲他們知道沒有辦法過自己可以或想要的生活，這樣的空虛會造成眞正的遺憾。我每天都在機場看到來自世界各地的人們，每個人都有不同的故事，但是許多人有一個共同點……」我能夠接上她的這句話。「空虛。」我輕聲地說。再次感到自己的寂寞，空虛和內心深處的空洞，這種躁動不安，像一種持續不斷的壓力，我永遠無法眞正理解或治癒，因爲我認爲這可能是正常的，或者如果我最終達成我計畫完成的目標，它就會消失。有時我會忘記這種空虛，但實際上它是一直存在的。

我越來越清楚瑪莉亞要表達的意思，對鏡子的意義也越來越了解：越經常告訴自己想成爲什麼樣的人，就越清楚地認識到現在是否不是我想成爲的人。我問瑪莉亞：「空虛是不是來自一種不能按照自己的價值觀和原則生活的結果？」

「是的，傑森先生。一旦了解自己想要的生活方式，便開始用讓自己感到自豪的行動來塡補這種空虛，找到有價值的目標並每天都有勇氣去實現它，這就是眞正的成就。」

我聽著每個字都著迷了，直到這時才意識到很少面對自己和生活，不知道要遵循哪種價值觀過生活。我沒有指導方針，沒有眞正的原則，也無法想像我想成爲的人。也許一直都只是重視外在價值，讓我經常處在不同的價值觀裡，比如開跑車或穿著昂貴的衣服，這是別人對我的尊重。我想得越多，就越清楚這些幻想都是其他人對我的評價，我對別人如何看我，比我如何看待自己更感興趣。

「瑪莉亞，你知道經常不反省自己，反而會更常考慮自己對外的表現會如何嗎？」我誠實地問她。

「傑森先生，這很正常。電視、新聞、社會、學校，所有這些外在力量影響了我們的生活，讓我們的人生目標是爲了實現他人的目標，例如來自老師、售貨員或鄰居怎麼看自己。每天，我們都會受到如此多的影響，這些外在力量破壞我們眞正寶貴的目標和理想，但是與你自己進行對話，將產生力量讓你重新找回原本的目標。」

「所以，你是說電視和新聞正在破壞人們的理想嗎？你不覺得這說法有點誇張嗎？」

瑪莉亞搖搖頭。「訊息總是從外部獲取的，但是訊息本身是空虛的。眞理就在你內心，你需要知道的所有一切，都必須展現給自己。注視你的內心，可以傳遞最重要的訊息。你每天讀、看和聽，期待顯示給你的是重要的眞理，雖然看了很多，但了解得很少。拿任何一個電視節目爲例，傳達的新聞總是一樣的：你必須擁有某些東西才能快樂，擁有它們的人被描繪成是幸福的。在廣告、電影和影集中，人們對物質的幸福有著極大的渴望，而物質需要透過努力工作來獲得。傑森先生，這項工作不會讓你更快樂，因爲它追隨的是金錢，而不是熱情。購買物品時，幸福感只有很短暫的時間。因此，必須購買下一個物品，才能再次享有。你必須做自己不喜歡的工作，這是一個無盡的循環，導致越來越多的人陷入苦難。沒有人會站在你的葬禮上說：他有最新設計師品牌的西裝和一輛昂貴的汽車。生活和物質無關，最幸福的人沒有完美的物質，他們卻萬事俱備，因此貧困常常被下了錯誤的定義。傑森先生，很多人其實都太窮了，因爲他們所擁有的只是金錢。」

瑪莉亞的話突然使我的心跳加快，她談到我的身分，就好像認識我很久了一樣，即使那是不可能的。接著她補充說：「我很高興自己擁有很少的東西，反而期待小事情帶來的幸福。我每一秒都熱愛著我的工作，這是我的驕傲和喜悅。我的思想力量，讓我不追求電視中所傳達所謂的那種夢寐以求的幸福生活，傑森先生。我眞的很富有！」

聽到瑪莉亞說的每個字，都深深吸引著我。這個女人讓我著迷，她的生活方式如此不同，讓人印象深刻。她過著自己想要的生活，而不是她必須過的生活。她有著明亮的眼睛，誠實的微笑，對生命的熱情和堅定的信念。這個女人眞富有！我一直在想我們公司年輕的初級管理人員，就像我以前一樣，都是菁英大學的畢業生，有著令人難以置信的高薪工作，擁有許多特權和能力。然而，他們是如此難以激發靈感。他們很累，坐在辦公桌前只是因爲必須這樣做，而不是因爲他們想要這樣做。只是合乎邏輯，而沒有激情！只有專業，沒有熱情！

瑪莉亞是如何每天激勵自己，盡最大努力？我問她：「瑪莉亞，妳從哪兒獲得意志力？例如妳是如何下定決心停止看電視？妳怎麼能每天如此充滿活力和快樂地工作，承擔如此多的責任，成爲這麼堅強的領導者並樹立榜樣？」她再次笑了笑，充滿信心地說：「早晨和時間的力量，傑森先生！」這個矮小女人眞的充滿秘密，對於遇見她，我開始覺得高興，並且因爲我的航班延遲，讓我有時間聽她的故事。顯然，這是注定的，我需要聽聽她所說的話，我沒有找尋卻發現如此令人興奮的故事，這種獨特的感覺使我想了解更多。

「這到底是什麼意思，瑪莉亞，請更詳細地解釋早晨和時間的力量，我從未聽說過。」

「傑森先生，早晨的力量使你有機會做自己想做的任何事情，只要你早上做就可以！」

「爲什麼只在早上？我經常工作到深夜，還有些事情無法完成。」

「傑森先生，在我長大的哥斯大黎加尼科亞半島諾薩拉的村莊裡，有一些祖先們傳述了很久的智慧，那都是些簡單的道理，但它們一直幫助我。人們可以使簡單的事情變得非常複雜，或使複雜的事情變得非常簡單。諾薩拉祖先們流傳下來的道理是關於『幾個好時機』。」

瑪莉亞向我解釋，幾乎就像她在告訴我一個大秘密似的。我好奇地問：「『幾個好時機』到底是什麼意思？」

瑪莉亞笑著說：「『幾個好時機』代表著你做出的最好選擇。你每天可以做出幾個好選擇，至於能有多少好選擇則取決於你的性格，但每天眞正的好選擇不會超過五十個，所以你必須好好地注意它們。」

瑪莉亞向我解釋了決策疲勞，就像強烈鍛鍊後的肌肉疲勞一樣。這是有道理的，但我想確定我的理解是正確的，於是問：「在諾薩拉的道理中，你每天可以做出的最好選擇數量有限，但早上可以達成的最多，對嗎？如此一來，好的決定隨著時間就變得越來越少了。」

瑪莉亞點點頭：「確實是的，傑森先生。所以必須善用『幾個好時機』就非常重要。」

我突然領悟了瑪莉亞的意思。清晨，我常常感到自己比較有力量，能夠思考得比較清晰。到了深夜，我人變得空虛，精疲力盡，而我的工作效率和性格大多比幾個小時前弱得多，因此我做出的決策越多，力量就變得越弱。我必須做出的決定越多，讓它們變成好決定的難度就越大。

「瑪莉亞，我終於明白什麼是早晨的力量！」

「你有這種感覺嗎？到了下午，每經過一個小時，是否就越難做出正確的決定，無法有效率地繼續進行工作？」瑪莉亞發自內心地問我。

「我當然知道。簡直筋疲力盡！」

瑪莉亞再次點點頭微笑：「這就是你『幾個好時機』用完的訊號，傑森先生。你決策的力量越來越弱，做出的決定品質也越來越差。所以如果你必須在深夜做出關於家庭、工作、健康和性格等等的重要決定時，結果將永遠不可能會是好的。**早晨的力量透過『幾個好時機』的力量，在一天的開始時，就可以將全部決策力量用於眞正重要的事情，保證能爲你帶來非常好的結果。**傑森先生，你就能做出最好的決定！」

我非常驚訝，哥斯大黎加叢林中的這種小智慧，其精確的邏輯在此時對我產生了極大的影響。我回想起許多的夜晚，儘管使盡全力，但根本沒辦法把工作做好。我從來沒有停下腳步，卻一直認爲沒做好是因爲精神狀況不佳，我只是再給自己倒了更多的咖啡或能量飲料。現在我開始理解，這實際上都是取決於我的決策能量。

「瑪莉亞，那妳剛剛說的時間力量又代表的是什麼？」我繼續問，更期待著哥斯大黎加諾薩拉的另一個激動人心的睿智。

「如果你不斷重複你的決定，將使每個新決定成爲生活中的永久任務！時間的力量爲你節省了決策的難度。」

「瑪莉亞，這要如何達成呢？」

「你現在最難下的決定是什麼呢，傑森先生？」

我沒有考慮很久地說：「我想定期進行健身訓練，但很難做到。」我總是想著明天再開始。

「時間的力量可以保證，如果你經常決定進行健身訓練，那麼就不會有困難去眞正實現你的健身計畫。」

這聽起來像是利用簡單的重複練習，來加強規律。

「所以妳是說，我只需要長時間定期健身，有朝一日就會變得簡單？」

「沒錯，傑森先生！就像刷牙或騎自行車一樣。如果你做某事的時間夠長，它會隨著時間的力量而變成不自覺的動作。」瑪莉亞講述了在偏遠的諾薩拉內陸以前未被發現的小徑，也是透過勇敢的徒步旅行者不斷穿過茂密的叢林才被發現的。隨著時間，最終這些路徑變得易於通過。

「瑪莉亞，需要多久的時間不斷地重複，才能讓事情變得簡單並自動發生？」我對能夠讓事情自動變簡單的想法感到興奮。

瑪莉亞的回答證實了崎嶇的道路總會通往美麗的秘境：「大約需要六十天，傑森先生。大約是諾薩拉海灘邊看見兩次滿月的時間，你的新習慣將在你的生活中牢牢扎根，然後路徑將永遠變得清晰可見。所以你將時間的力量與早晨的力量結合在一起，則可以學習每個特質並將其變成生活的一部分。在早上結合你的決策能力，每天進行持續約六十天，就可以自動實現你的目標！之後，你的決策能力又可以再度自由應用在其他想要融入的生活之中。傑森先生，你可以學到一切，並且做任何想做的事情，只需利用早晨的力量和時間的力量，享受成長的過程！」

瑪莉亞談到學習是一個可以給自己最大的禮物，並談到享受眞正實現的時刻。

「不要忘記每一天都要眞正愉悅地享受生活，快樂地享受所有生物的美麗。每一天、每一刻都是禮物，永遠不要忘記自己的眞實意義，並專注在它身上。學習去掌握可眞正帶您走過人生叢林的特質，就可以一次又一次地暢行無阻，並帶你輕鬆到達任何地方。」她說：「宇宙將替你照料其他的一切。我很高興認識你，傑森先生。如果你需要聊聊，我都會在這裡。只要找到我，我們就可以來談談您的旅程。」

她將自己瘦小的身軀靠在清潔手推車上，手推車逐漸開始移動，然後從廁所推入機場的大廳。她用深褐色的眼睛和自然的長睫毛向我微笑並眨了眨眼，小步地將自己的推車往出境大廳的人群處推去。

遇見她有些是沒耐性、無趣或急躁的人，但是瑪莉亞像對待自己的朋友一樣對待他們每個人。她充滿著溫暖和耐心，外表溫柔、好言善語、親切溫暖，幫大家度過大海般的忙亂，好像每一個生氣的表情，都透過她的善良和思想的力量變得柔和了。

我想再找尋她，但她已消失在人海裡。我靠在牆上，試圖了解剛剛發生的事情。來自哥斯大黎加的清潔人員瑪莉亞剛剛打開了我的眼界，也讓我了解了其中一些我甚至不知道自己曾經有過，但無疑會改變一生的疑問。

我現在在機場有了一個盟友，這個人對我的生活真的感興趣，而且是眞的能信任的人。我肯定以後會再來找她，我花了一點時間在廁所紙巾上寫下瑪莉亞給我的啓發。

第三章

與籃球選手梅爾的邂逅

——紀律的學習與練習，享受團隊合作

突然間，這種平靜和清晰的時刻被打斷了，我的手機響了，自己被嚇了一大跳。我從外套的內口袋拿出手機，在螢幕上看到誰打電話來：是老闆安琪拉・迪拉・巴塔。

我立刻拿起電話說：「嘿，安琪拉，我想妳已經聽說了，我被困在機場，航班延誤了七個小時。」我根本不敢說也遺失了錢包和旅行證件。

經過一陣漫長的停頓，我幾乎聽不到另一端的安琪拉的呼吸，她還在電話那頭嗎？

「傑森，」我聽到她冷淡的聲音慢慢說著：「希望你能非常明白我說的話，我清楚地告訴你，你必須讓我們在杜哈的客戶滿意。打電話給他們，把估算的資料先寄給他們，盡你的全力，以免危害我們所有的準備工作。他們已經問了你新的抵達時間，今天我們一定要簽字，就算會議要一直持續到凌晨三點。如果我們延期，

將會失去太多談判的時機。今天交易必須達成，傑森！想想這個交易，想想你的紅利！」然後她掛斷了電話。

但是我現在心中有好多問題，對剛剛聽到的所有新知和新觀點感到激動，非常有興趣和充滿著興奮。我內心有了一種全新的感覺，這種感覺充滿了熱情，清晰度和動力，好像地球讓它的能量透過我的腳流入體內。過去的兩個小時裡，在機場C30登機門所學到的一切使我感動，讓我無法自拔。好像我等了一輩子就在等待這些對話，獲得這些訊息一樣，現在突然之間，它們成為了我的一部分，填補了甚至連自己都不知道內心的空虛。

距離起飛時間，

還有四小時五十四分

因為之前深入的對話，思維在腦中打轉，甚至忘了吃飯。

我考慮下一步要做什麼，並開始計畫如何能找到遺失的錢包和護照。褲子口袋裡仍有一些現金，我拿起了隨身行李包和早上買的兩份報紙，看到在頭版出現以大字寫著的當天熱門話題，那些字立即引起了我的注意：危機、戰爭、死亡及麻煩，在下面則有汽車和昂貴手錶的大篇幅廣告。我想起了瑪莉亞提到關於電視、新聞、廣告所言不斷發生災難的言論，於是把兩份報紙都扔進了一個大垃圾桶。直到今天之前，我幾乎都懷著高度的熱情，每天讀好幾份報紙，所以當報紙離開我的手被扔進垃圾桶時，有一種難以描述的感覺。那是種自由、動力、控制和自決的感覺，我呼吸著未來，呼吸著過去，微笑著並感到輕鬆，走進擁有許多商店和人潮洶湧的機場大廳。

這時立刻注意到，有許多人朝我走來，他們看上去如此悲傷和孤獨。我感到他們的匆忙、壓力和消極的情緒，並開始理解羅伯談到誠實善良的力量和摘下面具的意思。我試著向走過我身邊的陌生人微笑，就像羅伯建議我的一樣，這對我來說是一種全新的感覺，大多數人對此感到驚訝，有些甚至感到困惑，但幾乎每個人都對我笑了，我們之間立即有了愉快的聯繫。一種平靜——儘管我們彼此不認識。這感覺真的很好，並開始帶給我快樂，原來微笑可以在這麼短的時間內改變一切，就像一道溫暖的陽光經過沉重的黑暗雲層中照耀了出來，所有人都可以吸收一束陽光，得到它的溫暖和能量。

突然間，我也清楚地了解瑪莉亞談到關於挫折帶來的潛力。我因航班延誤被困在機場，機票護照和錢包都沒了，但是這樣的狀況卻讓我有了全新的體驗，讓我幾乎不認識自己了。但奇怪的是，這種感覺很好。我在機場裡散步，沒有報紙，也沒有對世界問題消極的想法。我第一次聽到在機場播放的音樂，就好像這些歌突然在吟唱關於我的故事。

一個三明治店引起了我的注意，因爲一群穿著運動服的年輕人聚集在那裡。他們都很高，一定是籃球隊吧。走近時，可以看清楚淺藍色運動服夾克背面的文字：「NC」。哇！他們就是北卡羅來納大學籃球隊，這是一支美國大學體育協會中實力非常堅強的一級球隊。身爲一個籃球迷，我對此感到興奮，甚至像麥可．喬丹這樣的傳奇人物也曾爲北卡羅來納大學效力，世界上一些最有才華的年輕球員，就站在這家三明治店裡。

我開始排隊，在這些巨人之間，感覺自己是小矮人，雖然我的個頭不小。這裡非常吵，球隊中大家說話很大聲，聽起來很有趣，令人心情愉快。我聽到他們說昨天在伊斯坦堡贏得了重要的國際友誼賽，中間一次又一次聽到梅爾文這個名字，我想知道梅爾文是誰。

距離起飛時間，
還有四小時五十分

當我終於買到三明治時，我把它放在托盤上，開始尋找空位。小小的店裡幾乎所有的位子都坐著籃球隊員。在後面的一個角落，有張桌子坐著一位球員，他旁邊還有一個空位，但奇怪的是，這個球員比所有其他球員矮得多，他甚至比我矮。

「這兒可以坐嗎？」我問。

「可以。」男孩說。

我在他對面坐下，從白色包裝紙中拿出三明治。

一開始我們沒有交談。當我咬下第一口三明治時，兩人目光相視，這時他笑了。

「祝你有好胃口！」他邊說著邊拉著他的飲料吸管。

我咀嚼吞下我的三明治說：「恭喜你，聽說你們剛贏得了一場重要的比賽，對吧？」

「是的，謝謝。我們昨天打贏了歐洲聯盟裡的費內巴切伊斯坦堡隊，他們是土耳其國內最好的球隊，那眞是一場艱難的比賽。」

「哇！我能想像那場比賽有多艱難。梅爾文肯定是你們的教練，他一定很自豪。」

男孩笑了：「不，老兄，梅爾文不是我們的教練，梅爾文是我。」

這當然讓我有點糗，我是否該認識這個男孩：「哦，對不起。我不太清楚最近大學籃球的現況，因爲近幾年來工作太忙了。」

「沒關係，沒事的！」他說。

我試著解釋：「我一直聽到其他人提到你的名字，比賽中發生了什麼特別的事嗎？」隔壁桌的一個男孩立刻俯身對著我說：「梅爾主導了整場比賽，他得了三十三分，十二次助攻，七個籃板。他投入關鍵致勝的一球，在比賽最後一秒投進了三分球。梅爾是美國最棒的球員之一。老兄，你不看電視嗎？」

「因爲我的工作太忙了。」我又一次小聲地說，眼神又一次與梅爾文交會。在我對面坐著美國最好的年輕籃球運動員之一，他對我微笑著說：「別擔心，這不全是我的功勞。」他把桌子上的麵包屑清掉。

「我叫梅爾文，但我的隊友通常叫我梅爾。」

我伸出手說：「我是傑森，很高興認識你。」

當梅爾伸出拳頭時，我有些困惑。我也照著伸出拳頭，就像我以前在大學裡和朋友們互相打招呼一樣，這讓我忍不住微笑。

「雖然是這樣，但是聽起來你對這次贏球眞的很重要！我的意思是三十三分，這數字太不可思議了。」

「沒錯，但是贏了的是球隊，而不是我。我只能和我的球隊一樣出色，就像其他我周圍的人一樣，是他們讓我成爲球場上的我。」梅爾在呑嚥的間隔中說到了他的球隊，他們就像家人一樣：「**如果你想跑得快，就一個人去吧。但是，如果你想走得更遠，就要與其他人一起——以團隊的方式進行。**」

這個男孩的態度讓我震驚。如果我贏了這麼艱難的比賽，肯定不會那麼謙虛。在事業上，我一直比較關心自己的成功，勝過團隊的成就。

我問他：「難道你不認爲自己就是非常有才華的人，甚至更勝於其他人嗎？」

「你在球場上永遠不會是獨立的個體，老兄。每個球員最終都是與他每天共同訓練的其他成員的平均值，球場上的其他球員，直接影響著我在比賽中的表現，這道理不僅適用在籃球場，而且也應用在生活中。」

梅爾開始述說他的童年、成長的地方以及周遭遇到的人如何影響他以及其他的年輕人。就像在他的童年和青年時期一樣，當你周圍都是負面的人時，你就非常有可能沉淪。「不好」的朋友通常會阻止人們結交「好」的朋友。「不好」的朋友通常看起來很酷，但是好的聲譽比酷的形象更加重要。

「我來自一個不太好的社區，那裡許多人在很小的時候就走錯了路，到處毒品、槍支、酒精氾濫。但不是每個人都注定要成爲你未來的一部分，你必須學會閱讀人生中的信號，你很可能會犯的最大錯誤之一，就是跟不好的人混在一起。但運動拯救我，並將我與有目標的人連結在一起，僅僅因爲我的過去並沒有像我希望的那樣發展，並不代表我的未來不會變得更好。但是如果我周圍沒有對的人，我今天可能就不會在這裡。儘管通常很難離開老朋友，但我非常清楚，我永遠不會因而在決定的過程中屈服，只因爲有些人無法接受我的成長。」

梅爾談到了離開危險的人、困頓的過往和不良的習慣，以便爲他生活中的新事物騰出空間。

「我發現運動和結交『好』的人越多，遠離『壞』朋友的機會就越大，但他們通常不明白這一點，總是以爲我很懦弱、害怕、無趣或不忠誠。對我來說，專注於目標，而不繼續與他們一起瞎混，也不是那麼容易的事。我從小就認識的那些人，但有時你必須選擇離開，不是因爲你不在乎，而是因爲其實他們根本不關心你，他們當然意識到你的轉變，但他們並不了解，是因爲他們的行爲而導致你不得不改變。」

「你是說在籃球上的表現和成功，取決於你周圍的環境嗎？」我驚訝地問。

我決定要每天變得更好，增加自己的機會，不論是在球場上、生活上或思想上。」

這令我印象深刻。我想起了在學生時期花很多時間在玩樂上，學習總感覺像是一種折磨。這個男孩卻認爲這是一個機會！「我總是無法改變環境，」梅爾補充道：「但我可以一直改變自己，這也成就了現在的我。」

我無語了，這個男孩的觀點令人印象深刻。他一生只改變了自己可以改變的東西：「自己」。多麼震撼的想法！他雖然不高大，但是他怎麼會有如此大的勇氣去追尋夢想呢？更何況他有一個非常明顯、永遠無法改變的缺點。我問：「梅爾，你的身高不會讓你退卻嗎？」

「當然，這點讓我感到害怕，我很矮，沒有人相信我辦得到，但恐懼卻是美好的！恐懼向你顯示了通往下一個勝利的道路！你無法因爲戰勝舊的難題而贏得冠軍，而是要將注意力放在新的挑戰上，尤其是在你認爲困難和可怕的事情上。在練習裡學著面對恐懼，直到你戰勝恐懼，在每一次的比賽完美呈現。在最好的比賽中，希望和信任會大於恐懼，你以爲我昨天在投進決戰的三分球前不害怕嗎？」現在，梅爾充滿活力，雙手示意著，眼睛閃閃發亮。「但這就是重點，我父親總是說：『**做你害怕的事，你的恐懼就變得無力，在恐懼的另一面是下一場勝利。**』我總是最矮小的，總是充滿恐懼，周圍都是對我不利的條件。但是我一直知道，只要害怕，就是走在對的道路上，當做讓我害怕的事情時，我會變得更好。在昨天比賽結束前一秒鐘，球離開了我的手指，我的恐懼變得無力，我就贏了。每次我與更高、更強壯、更好的人比賽時，我的恐懼都會變得無力，因而贏得勝利。因爲這樣，在球場上也贏得越來越多的尊重。老兄，在任何情況下，只要你戰勝恐懼，你就再也不會輸！」

距離起飛時間，
還有四小時三十四分

我試圖找出原因，爲什麼這樣一個對團隊、恐懼和訓練具有一流思想的傑出人才，獨自坐在這裡而不是與他的隊友坐在一起。雖然他實際上是被關注的焦點，但他似乎也像一個局外人。

「梅爾，爲什麼你一個人坐在這裡？不是每個人都渴望坐在你旁邊嗎？」我想著那些偉大的超級運動員，以及所有想和這些運動員沾光的人。

梅爾謙虛地說：「我偶爾喜歡獨處。自高中以來，我的生活是如此忙碌、喧鬧，充滿壓力和各種的情緒。」他講述了在十三歲時被球探發掘，從那以後他一直是人們關注的焦點，並且是球薪最高的年輕球員之一。高飛一直是他的目標，但卻也始終腳踏實地。在更衣間時保留眞實的自己，在運動場的聚光燈下保持謙虛。

「我每天嘗試幾分鐘獨處，在這段時間裡，我享受著寧靜，並利用這段時間認識自己，包括我的狀態、立場，所想要的和不想要的。當我獨處時能享受快樂，我就能在球場上感到幸福和成功。」他邊說邊咬一口有淺綠色光澤的蘋果。「這是我需要的寧靜，讓我能聽到更多，寧靜和休息幫助我在生活和運動方面得到了非常好的成績。許多人認爲必須更努力工作才能達成更多，但結果通常是相反的，我們的教練史密斯說這是瞬間的低額葉功能。」

「什麼?」我問。

「只有讓大腦停頓休息一會兒,才會有眞正的好想法,然後你就會變得非常好,也只有那樣過程才會順暢。休息是非常重要的,老兄。」

我是否打擾了下一個麥可·喬丹如此重要的休息時間?

「對不起,梅爾,我不是想打擾你。」我立即說,並準備拿起托盤離開,梅爾揮了揮手。

「冷靜點,老兄,沒問題的,你看起來需要有人陪伴。嘿!你想要一些堅果嗎?」梅爾遞給我一袋堅果和葡萄乾。

「你很重視營養,梅爾。這是教練要求的嗎?」我邊說邊抓了一把。當開始咀嚼的那一刻,想起了這熟悉的味道,我已經好幾年沒吃堅果和葡萄乾了,味道使我回到了童年,祖母常常幫我帶這些去學校吃。

「我們可以吃自己想要吃的東西,但是我盡可能吃得健康,特別是在巡迴賽中的各場比賽,有時候很難,所以我經常會帶著堅果。健康飲食不意味著你想要吃的東西,而是關於你眞正需要的食物,但幾乎沒有人能理解這個道理。你知道嗎?你的九〇%的身體健康,取決於你吃到肚子裡的食物。」我很驚訝，因爲一直認爲適量的健身就可以長保健康。我想到了那些多汁的牛排、多油的甜點、昂貴的葡萄酒以及出差旅行時通常會吃的所有東西，難怪多年來我一直身體不適。

梅爾：「我幾乎只吃新鮮、未經加工的東西，它們之中還蘊藏了活力。」他又吃了一些堅果：「還有很多的水果、蔬菜和堅果。」

我被新鮮食物的畫面震攝住了。當我想到三明治上的薩拉米香腸時，開始理解他的意思。我從來都不是素食主義者，也不想成爲一個素食主義者，但是從新鮮自然的食物中獲得能量和活力的想法，突然比以往任何時候都清晰。多汁的橘子、香脆的蘋果或色彩鮮豔的沙拉，好像人們幾乎可以看到這些東西中的活力並將其吸收。梅爾還談到了消化過程所消耗的能量：「一塊肉會在人體內停留兩天，而且需要很多能量去消化它。但你可以在十五分鐘內消化一個西瓜，然後就可以爲下一次訓練準備能量。」

我聽過許多飲食方式，也做了很多嘗試，但我始終關心的是外在結果和體型，而不是體內發生的一切事情。

「那你的杯子裡有什麼？」我問。

梅爾正從吸管喝了一口說：「白開水，它能讓你保持清醒。」

我環顧四周，就像我一樣，他的團隊成員許多人都喝著汽水，只有他一人喝水。

「你認爲所喝的、所吃的東西與頭腦息息相關，並且會影響思維，是嗎？梅爾。」我問道，難以置信地喝了一口我的飲料。

梅爾笑了：「就像周圍的人會影響你一樣，飲食也會直接影響生活和球場上的表現。它是身心的結合，就像在照顧身體一樣，你也要照顧好自己的心靈；就像你訓練身體一樣，你也在訓練自己的思想。每天花時間鍛鍊和培養健康的身體，其他的事都不重要，因爲這是你唯一的身體。我父親曾經說過：『當健康消失了，你才會知道健康的可貴。』知道自己生病時無法做任何事情的感覺嗎？請把這種感覺記住，當下次不確定是否要健身時，請記住這樣的感覺。」

梅爾在三明治店裡，讓我對健康有了另外一種的想法。「鍛鍊似乎在你的生活中有很重要的作用是吧？梅爾。」我問。

「練習，是每門技術的基礎。只有透過練習，才能變得強韌，最重要

的是對自己負起責任。我們的教練總是說：『當你拿到球時，你就是這場賽事。』太多的人想要得到主角的榮光，但卻不願承擔責任和潛在損失的風險。他們想要球，但不想負擔責任。如果比賽輸了，他們不會認爲是自己的過失。環顧世事，男人抱怨女人，妻子抱怨丈夫，他們的關係不好嗎？因爲彼此認爲一定是對方的錯。這份工作無趣嗎？絕對是老闆的問題。無法成功嗎？一定是競爭太激烈了。球賽輸了？鐵定是裁判不公平。你不夠健康嗎？應該是健身房的開放時間讓我無法前往。

但這是不對的！沒有人需要被責備和被改變，只要你自己變得更好就行了！最重要的練習，是永遠堅持到最後。太多的人開始時野心勃勃，最終卻累了。請保持專注力，訓練結束前的最後一擊是最重要的，最後一擊必須是完美的，你可以在一夜之間把它變成你自己的能量，所有的好事都會成眞。訓練讓你贏得冠軍，因爲你可以掌控你的訓練，而不能控制你的對手。」

我馬上想到自己常找的藉口和對別人的譴責，爲的就是把責任轉移給他人。這個男孩說的每個字都是有道理的！

「你幾歲了，梅爾？」我問他。他之前提到關於健康、健身、責任感和責備他人的概念令我深思，我開始玩起了三明治，因爲突然對不健康的食物失去了胃口。

「我今年十八歲，是球隊中最年輕的球員，也是聯盟中最矮的球員。」他咧著嘴笑著解釋。

「你從哪裡得到關於生命的這些想法，梅爾？你一直在談論父親，是他教了你這一切嗎？」我問他，幾乎可以肯定他的父親一定是上一代籃球明星。梅爾的眼神望下沉了一下，我們之間安靜了片刻。

「是的。」他說：「我從父親那裡知道一切有關籃球和生命的道理。」

「他一定爲你感到驕傲，對吧？」梅爾原本閃亮的眼睛，在瞬間變得悲傷，失去了光彩。

「我父親已經去世很久了。」我眞希望能收回剛剛說的話。

「非常抱歉，梅爾，我不是故意的。」

梅爾輕聲地說：「沒關係，他一直活在我心裡，活在我做的每一個正確的決定中，也活在我充分發揮潛力讓自己變得更好、實現夢想的過程中，那是他最大的願望。他當時病得很重，在生命的最後幾個月，他將自己對生活、運動、家庭和成功的知識傳給了我，留下了最大的禮物給我，他的藏書。」

梅爾告訴我他父親留下的這些獨特珍藏，包含人格發展、心理學、運動與訓練、生物化學和哲學。這些無價之寶，充滿靈性、動力和商業價值。其中偉大運動員和思想家的傳記，把他們幾十年來最重要的人生經歷，在僅僅幾頁裡總結了出來，提供給他人借鏡。他說：「這些書本中蘊藏的知識，具有改變生命並使奇蹟成眞的力量。看看我雖然是全隊裡最矮小、最年輕，但我還是能加入這個團隊。一切皆有可能，而實現它所需的一切，都在這裡和這裡。」梅爾首先指向他的頭，然後指向他的心。

我被感動了。這個男孩的父親給了他最寶貴的遺產，不是錢，不是房子，但是卻是他最需要的知識，可以實現他夢寐以求的一切。不管他年紀多大，不管他的身材多矮小。

「我父親總是說：『沒有書的房子，就像沒有窗戶的房間。』他說得很有道理呀。我經常與團隊一起旅行、每週都會讀書、每天都在嘗試學習新事物，使我和自己想要成爲的人之間的距離變小。一本書裡的一句話甚至可以改變你的一生，在運動場上也一樣。我所知道的有關紀律、團隊合作、動機、目標、常規、自信全都來自這裡。」梅爾打開他的運動袋，我看到了三本厚厚的書，他說：「每天閱讀世界頂尖的人、一流的思想家和哲學家、運動員、商業大亨、白手起家的億萬富翁，那些在生活裡有所成就的人或關於你想要變成的人的書，就像在與他們交談，清除日常生活裡沉積在你靈魂上的灰塵。」

我無語了。來自危險郊區貧民窟的十八歲男孩，剛剛告訴我爲什麼需要多看書。我甚至不記得讀過的最後一本書爲何，反而開始尋找適當的藉口。

「恐怕我沒有太多時間閱讀。你知道，我有太多的工作！你如何總是能找到時間閱讀呢？」

「這就像在球場上，比賽結束後一切才開始。我們觀看比賽的錄影，分析什麼是好的表現，什麼不是。每天都在改善前一天的表現，檢查攻守

同的機會，其他任何地方可能就不一定這麼平等了。球隊中的大多數人都在七八點才起床，如果我五點就已經站在球場上開始練習投籃，那我就比別人更有優勢了。這種優勢累積，會在某個時候開始，別人就追不上你了。我或許比別人年輕、比別人矮小，但是如果我每天早起加緊努力練習，那麼無論競爭的人比我年長或身材比較高，總有一天我的優勢加總，將是別人無法趕上的。每天二十四小時的時間，我無法改變，但是我在這段時間要做什麼，卻是自己每天可以決定的，就像每次比賽的進攻，我投籃的時間可以增加兩秒鐘一樣，這就是贏得冠軍的方式，老兄！」

梅爾清楚地告訴我，每個人都覺得早起很難，但起步就是關鍵。人無論天資優劣，只有比別人提早開始，才能讓機會變得更好。每當我爲了趕上早班的國際航班而掙扎著起床時，激勵我的只有可期待的紅利獎金。但是，梅爾如何每天早晨五點鐘靠自己的力量和意志起床呢？顯然，他不需要大筆可觀的交易來激勵自己，他在心裡已經設了一個鬧鐘，來督促自己每天開始達成他的的宏偉願景。

我想清楚地知道他使用的策略。於是問道：「你不需要每天早晨五點起床，但你做到了。畢竟早起對一般人來說不是什麼大不了的事情，要如何說服自己離開溫暖的被窩呢？」

梅爾說：「有一些技巧。」我很好奇。「首先，我們得深信這種強大的新習慣將取代許多不好的舊習慣。如果你決定每天早晨五點起床，那麼前一天就不會熬夜，就不會參加通宵派對，不會在深夜看電視，不會太晚進食。就像你更改公式中的數字，結果就會大不相同。通常隨著時間的推移會有很大的進步，這裡提到的卻是一夜之間可以看出的改變。」

「你說的技巧是什麼呢，梅爾？」我問：「我真的很想知道你是怎麼做的，因爲我也想嘗試做到。」

「非常簡單。將你的鬧鐘放在房間中的某個地方，這樣你就必須起床才能關掉它。只要你站起來，就清醒了一半。我用一首非常輕鬆的旋律設定爲鬧鐘鈴聲，而不用令人緊張的鬧鈴聲。另外，我在前一天晚上已經想好明天的訓練計畫，所以完全知道起床後的目的。我嘗試著每天睡滿八個小時，這對於肌肉的增生很重要，我是競技運動員，肌肉會在休息時，而不是在激烈運動時生長。我告訴你，老兄，比所有人提早清醒的感覺眞的很好，你會覺得比別人更快，更有活力，更聰明！相信我，試一下！」

我喜歡他的想法，因爲似乎簡單易懂。特別是關於鬧鐘的想法讓我微笑，因爲實際上我每天早晨都從震耳欲聾的鈴聲中醒來，聽起來像是火災警報。

「你喜歡聽音樂嗎，梅爾？」我問，看著他脖子上戴著的紅色大耳機。

「當然，音樂對我和運動極爲重要，我將音樂當做工具。」

我懷疑地接著問：「做爲一種工具？你再跟我詳細解釋一下。」

他立即談到了音樂的力量及對人及其情緒的獨特關係。當你聽到電話號碼、數學公式甚至一個名字，常常容易忘記它們，但是眞正觸動你的歌曲旋律和歌詞，可能會永遠存在你的心中。梅爾說：「音樂具有觸動人心的力量，是其他任何東西都做不到的。音樂可以控制你的行爲，我總是聽能使我開心或激發我動力的音樂，運用自己喜歡的音樂來營造一種使我更進步的情緒。在球場的更衣室，每個人在大型比賽之前都戴著耳機，聽著最能激勵自己的音樂，不管他們現在需要的什麼：放鬆、表現、無懼或幸福都好。如果你心情不好，請聽一下讓自己開心的音樂，就這麼簡單！」

梅爾談到了音樂與生活之間的獨特關聯。

我記得自己曾經愛跑步，邊聽最喜歡的歌曲，或者我在打掃時喜歡大聲地哼著收音機裡播放的歌曲，距離上一次這樣做已經有好幾年了。我笑著說：「令我開心的音樂今天應該會特別有用，因為我弄丟了錢包、機票和護照，而且航班也延誤了七個小時，這些把我的一整天都毀了！」

梅爾的眼睛張得很大。「哇，注意你說的話，老兄！」

「什麼？」我不知道他是什麼意思。「我說錯了什麼？有什麼不對嗎？」

「你的話塑造了你的想法，所以請務必小心。如果說自己的一天毀了，那就會變成事實。舌頭雖然沒有骨頭，但它強硬得足以粉碎你的心，而腦子也會認眞地聽著你說的話，所以說話千萬要非常小心謹愼。」

我有些懷疑地揚起了眉角說：「梅爾，老實說來，我覺得你說的有點太誇張了！相信我，我的今天幾乎全毀了。我被困在機場，如果找不到遺失的證件，就無法參加那場重要的會議。頭腦雖然可以自由想像變成什麼情況，但事實卻不是一個好的狀況。」

梅爾搖了搖頭。「你知道我們在籃球場上不進球時，會告訴對方什麼嗎？」

「我不知道。可能是『喔，該死』吧？」我笑著說。

「我會說『這是很好的嘗試』！」梅爾回答，然後看了看團隊中的其他人。「這些人有他們的想法和內心的對話，有時充滿著懷疑和不確定性，我也是。這是完全正常的，但是言語能把我們的思想活化，不好的話語總是令人難忘，一旦被說出來，只能被原諒，而無法被遺忘。這些話一離開腦海，藉著我們的嘴脣傳出，就會變成現實。『喔，該死』不是一個好的現實，而『這是很好的嘗試！』那是一個好眞理。人要謹愼選擇言語，它會改變你的生活，影響行爲，深深地觸動你，使用不當會讓自己和其他人造成嚴重的傷害。你的一天並沒有被摧毀，你有著令人充滿期待的一天！請深思而後愼言。」

我的手機開始在桌上振動，感覺都要移動整張桌子了。是一封電郵，發件人是安琪拉·迪拉·巴塔。我打開郵件，首先看到主旨：「!!」我很困惑，發生了什麼事？接著在郵件中看到一個簡短的句子：「傑森，他們已經在與其他公司開會了！我們不能讓這種事情發生，如果不是我們公司，誰都不許達成交易！」

距離起飛時間，還有四小時十三分

梅爾去飲水機加了水。「請保持頭腦的清醒，老兄！」他笑著說。當他回到座位時，先脫下了訓練用的外套，將其掛在椅子的靠背上，然後坐下。他穿著一件T恤，袖子剪掉了，我可以看到他的上半身沒有一點脂肪，每做一個動作，都可以看到肌肉的線條。

「梅爾，你多久做一次重量訓練，才能看起來像現在這樣？」我問。

「一週六次。」梅爾回答。「然後每週在球場上訓練五次，再加上比賽。」他平淡的態度，幾乎消除了這項非凡體育成就的沉重負擔，彷彿這一切都很正常。梅爾咧嘴笑著說：「如果你只是偶爾訓練，就不要因爲只衝刺，不久就會有第一個人決定退出比賽，要明白終點線並不會馬上自動地出現在起跑線之後。」

我完全了解他在說什麼。有多少次我從年初開始在健身房鍛鍊，經過幾週非常認眞的訓練，並將自己與最強壯的健美運動員相提並論，但終究沮喪地停了下來，因爲我看不到任何成就。輪胎從車軸上飛了出來，汽車也因此停了下來。想看到結果的速度越快，付出的耐心就越短暫。

梅爾解釋說：「這些都是跟著時間慢慢累積的，而不是一夜之間發生的。正確的紀律是透過長期反覆運用而產生的，但必須搭配適當的心理強度，加上一定的時間才能使其長期持續下去。心理強度和練習間隔的搭配是關鍵，即使你有時會採取緩慢的步伐，但總比你完全停下來好。即使有時會疼痛，但痛苦是暫時的，放棄卻是永遠的。」梅爾談到人們需要不斷地在跨越疼痛和遺憾的痛苦之間做出選擇，只有那些選擇正確節奏的人才能贏，不一定是馬上贏，但肯定會贏。

我補充說：「就像馬拉松運動員一樣，必須保持正確的速度才能跑完長賽程嗎？」

「是的，老兄，你懂我的意思！這就是你每天要做的許多小事情，即使你不想做。就像是一遍又一遍跳過障礙，你一次又一次地克服自己，克服小障礙。當想要停止的感覺最強烈的時候，也是絕對必須持續下去的時刻。痛苦發生的同時也告訴你，好事正在發生。在艱難時期和小小的勝利中，會出現了莫名的奇蹟和偉大的故事。幾天變成幾週，然後變成幾個月或幾年。然後在某些時候，你的紀律將變得和你的夢想一樣強大，然後好事自動發生，你也不再需要克服自己。紀律的鍛鍊，就像訓練肌肉一樣，一次又一次地爬上小山坡，觸發小的刺激，向肌肉發出信號，提示它應該成長。請每天持續下去！不再考慮必須多久訓練一次，也不去想是否應該去鍛鍊，因爲這些變成自然而然的事了。經過訓練的紀律，能加強我的能力，可以達成我想要的任務，而成就感使我始終如一。我積極表現，享受成功，享受有志者事竟成的感覺，成功給了我勇氣再做下去，勇敢去做之後得到更多，這是一種正面積極的循環。」

我理解梅爾的意思，但聽起來有點太完美而難以置信。類似肌肉鍛鍊的紀律，成功帶來的正面積極，我還不能完全理解這理論背後的邏輯和生已經過了一輩子，卻忘記了他的年齡。

「他是史密斯教練，我們的教練，也是我們的物理治療師、心理諮商師、導師和團隊醫生。他不僅了解籃球的一切，而且也了解神經學、生物學、運動醫學和積極心理學。他整天都在研究這些主題，這些東西眞的很有趣。」

我不禁感到奇怪，梅爾竟然對如此複雜的事情能夠瞭若指掌，我像好奇的孩子一樣，傾身想更進一步了解他還會說什麼。他談到了生物化學、心理學和神經可塑性之間無形的聯繫，這是科學已證實的大腦演化過程。我同時感到驚訝和興奮，如果梅爾說的是眞的，那麼確實有可能像在健身房鍛鍊身體一樣，有效地訓練大腦和個性。光是短暫的想像在聽到他的一席話後，不論先天條件如何，每個人都可以發展藏在內心的無限潛能，就讓我大開眼界。人類的大腦，是可以鍛鍊出來的，就像這位傑出的運動員一樣，他坐在我面前，就在C30號登機門的小三明治店裡，這些話聽起來像穿著剪破籃球衫的大學教授說的。

接著他繼續談論意志力訓練的概念，意志力似乎是進步的關鍵，也是梅爾透過體內多巴胺達到的幸福感的關鍵。

梅爾說：「意志力可以說是發揮全部潛能球員的球衣。沒有意志力，就不會有多巴胺。意志力是季後賽的入場券，老兄。」

「你如何擁有更多的意志力？」我問。

梅爾再說了一次人腦是可被訓練的理論：「就像紀律一樣。你的意志力也像二頭肌，如果不訓練，它就不會增長。決定何時開始，是意志力最初最大的敵人，而每一個『以後』或『明天』，都會剝奪肌肉增長的機會，也就是讓夢想成真的意志。人的意志力是一塊肌肉，事實上前額葉皮層，也就是決定意志的肌肉，它是你前額的大腦皮層額葉的一部分。」梅爾指著他的頭的左側。

「當你持續做困難的事情時，你的意志力肌肉，即前額葉皮層，會透過神經可塑性加速生長。」

「意志會變得更強，就像肌肉會變得更強！」

「是的，老兄，你聽起來已經有點像史密斯教練了。」梅爾笑著說，接著把一些核桃仁扔在空中，用嘴接住了它們。「比賽不會變得容易，但我們會變得更強。」

「怎麼樣才算是足夠強大？」我繼續問，突然想到了那些籃球巨星，他們也不時地承受著壓力，沒有人能立於不敗之地。我很想知道那些能影響最佳球員的自我懷疑從何而來，這些懷疑甚至可以把具有強大意志力和豐富經驗的最佳運動員帶入谷底。

梅爾抓著頭說：「當球場上的球員感到沮喪或生氣時，你可以很明顯地看出來。」

「當然，他們會大聲尖叫並開始戰術犯規。」我說。

但梅爾的解釋完全不同：「在這些時刻，杏仁核接管了所有過程的控制。」

「什麼?誰來控制?」

「杏仁核，老兄。在各個顳葉內側部分中的一對大腦核心區域。」梅爾再次輕鬆地說，聽起來像是有著饒舌歌手靈魂的化學教授。「大腦的這一部分負責恐懼和對情況的情感評估。杏仁核早在人類進化的時候就已經存在，當時形成的恐懼感有助於保護前人免受劍齒虎、有毒漿果和無盡大草原的威脅。那些時代已經過去，但恐懼依然存在。如果某人眞的很生氣或很害怕，杏仁核就會發揮作用。老兄，切勿在短暫情緒影響下做出最後的決定。感覺會消失，恐懼不是眞實的，恐懼是自己產生的。」

我想更深入了解腦部和恐懼的關係，我們甚至討論了不同的大腦中心之間非常有趣的相互聯繫，以及它們如何影響我們的行爲。梅爾則談到了克服杏仁核的恐懼和壓力的方法。當我了解到放下自己的恐懼是多麼容易時，我的眼睛張得越來越大。

梅爾說：「當一個人感到恐懼和壓力時，他們的思路並不清晰，因爲皮質醇過多，這時大腦必須被鎮定下來。」

「那該怎麼做呢？」我想到了當商業顧問每天面臨的工作壓力，我眞的有辦法馬上減低壓力嗎？

「你必須成爲恐懼的朋友，邀請它成爲你的一部分，例如你的對手，也就是造成你壓力的人。這種反直覺且正面的關注會增加腦中的催產素。這是一種荷爾蒙，可立即降低皮質醇和血壓，並具有鎮定作用。催產素就像魔術一樣神奇，它把人們互相連結，有史以來最偉大的運動員都知道的，他們稱這爲公平競賽。」

「這是否意味著你從不生氣？甚至在籃球場上也沒有？」

梅爾笑道：「在球場上，你需要冷靜、專心、精準，這些都是決定比賽勝負的關鍵。當我不生氣或沮喪時，我可以更有效地運用它們。當某人生氣時，就是失去控制和恐懼的前兆。這種洞察力，還幫助我在運動場外對那些不快樂的人有所了解和保持耐心。他們並不煩人，他們只是不知道如何應對自己的困擾，每一次憤怒都代表著需要被解碼的訊息。是一種求救信號。知識和理解是力量，是一種提供幫助的力量，就像你正環顧的四周一樣。」

距離起飛時間，
還有三小時五十三分

「梅爾，我可以問你一個無趣的問題嗎？」

「當然，老兄，怎麼了？」他邊說邊捲起袖口到他寬闊的肩膀上，可以看到肩膀上肌肉的線條，他的每一個動作，都可以看到皮膚下如同機械般的肌肉。

我對於這個將要提出過於簡單的問題，感到有些尷尬，但因爲對此很感興趣，所以還是開口了：「你如何在投籃時集中精神，儘管在籃框後的敵對球迷都在尖叫，試圖分散你的注意力？」

梅爾微笑著彎下腰，用食指指著他的太陽穴。我們的眼神交會，他的表情清晰。

「你必須先看到，然後它才會發生。必須在自己的眼中看清楚該怎麼做，才能得分。這時尖叫聲會完全消失，你耳邊只有幾乎聽不見且沉悶的震動，眼睛只看到籃框。心裡的焦點，會從無法控制的尖叫聲轉移到可以控制的投球動作。在練習時，你已經投籃過幾千次，這就是關於紀律與意志力。此時此刻，我只看到現在要發生的事情，而不是以前的事情，一切都是按計畫進行著，但是你必須能夠看到它。千萬不要因爲成功的光芒轉移了你的注意力，如果你能看到它，那就會是眞的，實際上你也已經得分了，而且這不只適用在投籃上。」他接著又吃了兩顆堅果。

「那還適用在哪裡呢？梅爾，你還能想像運用在其他不在籃球場上的狀況嗎？」我馬上問。

「當然！」梅爾告訴我如何能夠運用完全相同的機制，將在比賽中拿到的關鍵得分，運用到他人生中遠大的目標和價值觀。「老兄，把自己視作自己想要成爲的人，然後每天都實現這一個願景。將自己視爲一個充滿意志力，能完全掌控自己的思想、身體和生活且有紀律的人，然後它就會成眞。提出你最深刻的願望、最大的夢想，提醒自己想要成爲的人，可以成爲的人以及你想達成的最高標準。你越去探究你想要的理想，就越清楚自己該走的方向。然後，必須對自己和所有知道你目標的人保持言行一致。」

「否則，你會被視爲前後矛盾，就像隨風飄蕩的一面旗幟。」

「是的，讓自己成爲可被驗證的人，爲實現你最大的目標創造一個槓桿。告訴所有人，你將達成某些目標，並強迫自己繼續努力，信守諾言直到實現目標爲止。這是你在其他人面前能抬頭挺胸的辦法，也是最大的動力！」

我問道：「如果事情不能像你告訴所有人的一樣成功，那應該怎麼辦？」我想像著，如果我將許多的想法和計畫告訴了周遭的所有人，那將會發生什麼事。在過去的大多數時間裡，我一直把這種事情保留給自己。

梅爾坐下來說：「宇宙總會獎勵勇敢的人，如果你敢於表達並追求自己最大的目標，你的靈魂力量就會引導你，帶你踏上難以想像的境界。你看我昨天站在一場有兩萬名觀眾的籃球場上就是如此。但這不是重點，這只是次要的，你要在自己想成爲的人這條道路上往前衝，這才是最重要的目標。一旦明白了這一點，所有事情都會成眞，老兄！」

「嘿，梅爾！」我突然聽到一個年長的聲音在呼喚。

「梅爾快來，小夥子，我們要趕飛機，登機門要關了。」是史密斯教練。

整個球隊都在等著，我和梅爾的談話如此深入，以致於沒有注意到球隊中所有其他人都已經吃完飯了。這段談話是如此特別，之前不認識這個男孩，但我已經告訴他以前從未告訴過自己的事情。

「我得走了，老兄。」梅爾站起來，穿上運動服外套，把包包拋在肩上，跟我擊掌。

「眞可惜，」我默默地說：「我想和你再談談。」

梅爾笑了：「忘了我剛剛跟你說的話了嗎？」

我微笑回答：「哦，是的，謝謝你的提醒！」我立刻想起了他剛剛的建議，然後我說：「當然，言語的力量，我必須小心自己說的話。」

「好！來吧，重新再說一次！」梅爾說。

我不需要深思地回覆：「我眞的很感謝這次談話，能夠認識你眞是太好了。謝謝你，梅爾！」

梅爾的眼睛閃爍著，邊點著頭說：「這樣好多了，老兄。」

梅爾轉過身，對我眨了眨眼，然後用手指比出了和平的標誌。然後他追上已經離開往登機門而去的隊友們，當他追上他們時，這個矮小的球星消失在其他的高大球員之中。他們看上去都一樣，但是每個人都有自己的角色，每個人都有不同的任務，成就倍增，他們就是一個團隊。

在返回C30登機門的路上，我一直想到梅爾的微笑。想知道我是否會在幾年後看到他參加NBA的比賽？令人難以置信的是，這樣一個年輕人爲何對生命如此了解。正是這些故事使我相信，人們實際上是可以學習過幸福的生活。

於是我以快速的步伐走過了無數登機門，尋找著瑪莉亞，想告訴她梅爾的事，他對生活的看法，也一定會啓發她。幾分鐘後，我已經可以從遠處看到她柔軟的棕色捲髮了，我感到非常高興。

「嘿，瑪莉亞！」我大喊：「是我，傑森先生！」我開始覺得自己的新外號很好笑。

「傑森先生！你找到我了！」瑪莉亞立刻坦率地回話：「我很高興你再次來找我，我其實本來有種感覺，你只想要一個人獨處。」她說的其實沒錯，但是現在站在這C30號登機門，一切都不同了。

「你找到東西了嗎，傑森先生？」瑪莉亞問。

「沒有，但是我剛剛和人有了一段對話，瑪莉亞，我一定要告訴妳。他是一個年輕的籃球運動員，梅爾是他的名字，我相信你們一定會很談得來。他是隊中最矮小但卻是最棒的球員。他談到紀律、訓練、恐懼，關於學習、閱讀書籍，關於不良影響、強大的壓力、意志力，以及其他好多的主題。」瑪莉亞專心地聽著，在她所打掃機場長長的走廊，我走在清潔車旁陪著她走了一會，對她說了所有我剛剛明白的事情，這一切多虧了梅爾，然後我將這些，寫在放在口袋裡的三明治餐巾紙上。

第四章

與銀髮婦人蘿絲的邂逅

——利用短暫的片刻，保持對細微事物的洞察力

我口渴想喝點什麼，於是開始去找看看有什麼商店賣飲料。

我經過了所有的咖啡館和吸菸區，最後看到一個小攤子，裡面賣著新鮮的果汁和冰沙。喝下一口鮮榨橙汁使我充滿了活力，想起了梅爾的話，感到自己的身體在感謝我，我很享受這種感覺。

把果汁喝完後，低下頭時發現通道另一端的地板上有件東西。是我的掉的證件嗎？我立即走過去，當走近時，發現到那不是我的東西，而是一封手寫的信。信就躺在這條路的中間，顯然除了我以外，其他人都沒看見它，因爲沒人停下來，沒有人對它有興趣。

我把這張紙撿了起來，立刻注意到上面漂亮的筆跡。完美的行距，儘管這象牙色的信紙上沒有任何書寫用的橫線。藍色的鋼筆墨水，彎曲的字體，幾乎像幅優美的書法。即使我眞的無意閱讀上面的內容，因爲那不

關我的事，但每個段落還是引起了我的注意。這封信就像在對我說話，而我也仔細聽了：

親愛的兒子：

曾經有人告訴我，眞實生活始於寬恕。

「對不起」在今天聽起來，像是我說過最難啓口的一句話，但我知道這三個字，是取回我人生中最有價値的禮物，唯一的方法。

對於我下一個進入全新世界的大旅程，我希望空手而去，但滿懷期待地靠岸。那裡沒有那些我看不見的恐懼，也沒有那些空虛的承諾，沒有不眞心的道歉，也沒有我不能實現的夢想。

也許我並不是總走在正確的道路上，但是我向自己保證，我會到達正確的目的地。我想變成我必須成爲的人，我很抱歉。

永遠愛你的母親　蘿絲

我環顧四周，手中握著這封信，不知道我正在看著誰的心。在那兒，我看到一群人，他們都匆匆忙忙，渴望能夠離開這個地方，到達他們的目的地。

一個坐在輪椅上的老婦人，在眾多旅行者中間，像一塊大石般矗立在洶湧的大海中。她向我招手。我轉頭向後看，以確定她真的是在跟我打招呼，當意識到她揮舞的動作越來越激動，證實她的確是在叫我，便立刻穿過了介於我們之間的許多旅客，站在她面前。

她是一位穿著體面的老太太，與我母親的年齡差不多，但帶著如同孩子般喜悅的笑容。她拍拍手說：「這是我的信。謝謝，年輕人，非常感謝！」我把信還給她。

「太感謝你了，這信一定是我在找機票的時候從口袋裡掉出來的，很有可能再也找不到它了！你知道在旅行時總是有點讓人緊張，畢竟我已經九十歲了。」她說。

她的年紀讓我感到驚訝。她的眼睛、微笑和整體的氣質是如此充滿靈氣與活力，看起來比實際年齡年輕非常多。

「沒問題，不客氣。我也正在尋找我的護照、機票和錢包。剛剛把所有的證件都弄丟了，我得找到它們，您要飛去哪兒？」
「去找我兒子。」她說。「我很久沒見到他了，我認爲是時候該去見見他了，告訴他一些事情。因爲誰知道，也許不久後就會太遲了。」現在，我突然明白了剛剛讀過信中所寫的內容，那位女士想向她的兒子道歉。

距離起飛時間，
還有三小時三十六分

我感覺到一種全新的自由感，一種連結和同理心。正是這種全新的情感使我原本冷靜的理性放鬆了，帶給了我一種人性的溫暖，只用幾句話就能打開我的心房。我突然變得堅強起來，甚至可以去關心別人。
「你和兒子吵架了嗎？」我仔細地問。
「不是的。但是你知道嗎？我們離彼此越來越遠了。他娶了一個我不太能融洽相處的妻子，他們一起搬回瑞典，是兒子小時候和我一起住過的地方。遺憾的是，在過去的幾年中，我們很少聯繫。他對我不能接受他的妻子感到失望，而我則是因爲他的離開而感到失望。這麼多年過去了，我們過著不同的生活，我們沒有說出的那些話，其實正是我們需要說出來的感覺。我喜歡回憶過去，我們經常一起在森林裡散步，聽著老樹的神奇對話。」蘿絲談到了她以前居住過的瑞典達拉納森林，有些地區甚至杳無人煙，那裡的曠野可以賦予無盡的自由。

「現在我年紀已經大了，甚至不能獨自走路，我知道自己冤枉了兒子。當與你愛的人吵架時，要小心你說的話，因爲即使內心深愛著，嘴巴卻可能會常說出傷害對方的話。我現在正要飛往瑞典，準備跟他道歉，去見兒子和他的家人，並學會接受和愛他們。我早該這麼做，但是卻花了很長的時間才了解。值得人探訪的地方通常是沒有捷徑可到的，這封信裡寫著我現在終於明白，想與兒子分享的想法。」

她笑著說：「老年並不是失去的青春，而是結合著機會與力量的人生新階段。」

「但是我爲什麼要告訴你這些呢？」她揮舞著手。「也許是因爲我很緊張。」

「你一定有個很重要的旅行並且必須找到證件，不要因爲我耽誤了行程。再次感謝你找到這封信和對我的關心。儘管我的生活不那麼令人興奮，但我仍然很樂意與他人分享，因爲我常常感到很寂寞，剛剛是我今天第一次眞正地跟人對話，謝謝。」

這位女士的好心腸讓我感動。我曾經與不能停止講故事的老人交談過幾次，但這個婦人不一樣。儘管她顯然孤獨，而且被一個她永遠無法忘記的人所遺忘，但她如此體貼，將我和我的事情，置於自己和自己的需求之上。我眞的有興趣，而且越來越清楚自己想要眞心地幫助她，這種感覺眞好。**當然你無法幫助所有人，但每個人，都可以在某個時刻幫助某一個人。**

我說：「不用擔心，告訴我吧，我還有時間。」我放下背包，站在她的輪椅旁邊，不必去其他任何地方，只要留在這裡。

「我叫傑森．庫波爾。」我笑著說。

「我叫蘿絲。」這位女士說，當她意識到我對她的故事眞的很感興趣時，眼睛閃閃發光。

「那麼，您認爲應該早點跟兒子道歉嗎？」我爲自己感到驚訝，因爲說出這句話正正地發自內心，完全沒有考慮。

「是的，我常常想著要這麼做。實際上，我一生都擁有自己夢寐以求的一切，兒子結婚過著幸福地生活，並且有三個健康的孩子。不幸的是，我對他妻子的反感使我不知感恩，不好的想法阻礙了我的快樂，我其實早就該嘗試這麼做了，人無法關閉從未打開過的門，爲什麼我們經常折磨那些我們最親的人？」她默默地說著。

我馬上想到我深愛的家人，與同事相比，我跟他們相處的時間少得太多。蘿絲繼續說道：「可能是因爲我認爲兒子他們會一直在我的身邊，但顯然這不是事實，我告訴你一些事情。」蘿絲抓住我的外套袖子，將我拉向她身邊。「永遠不要忽視生活中的小事，否則爲時已晚。無論一件小事情，或是片刻的瞬間，在現實世界裡，它們其實並不小。這些你總是忽略不去做的事，會讓你在年紀大的時候感到後悔，但會讓你後悔的不是你曾做的事情。我希望你的生活充滿『我如果做了會如何……』而不是『如果我當時做了，現在會如何……？』」

我想到了由於太忙、工作太多而必須取消的所有事情。每通電話，每封電子郵件和所有會議，都讓我無法看著自己的孩子長大。因爲工作的關係，我無法與妻子共度的許多時光。我不願以後回想，然後問自己如果早知當初會如何，我突然發現，蘿絲這位優雅但脆弱坐在輪椅上的老太太和我之間的相似之處。我會爲自己的決定感到後悔嗎？我現在可以做什麼改變？還是爲時已晚？

「如果您能回到過去，你會怎麼做？蘿絲。」我問。蘿絲坐在輪椅上睜大了眼睛看著我，說道：「哦，傑森，我想讓時間的價値變得更加明確，因爲突然之間，生命在還沒開始前就已經消失了。時間仍然存在，我們不斷地前行，越走越遠。過去的日子永遠不會再回來，就像走進一扇只有內部把手的門一樣。你可以走出去，但永遠不能回來。」

她說自己年輕時也沒有好好珍惜最寶貴的時光。「對我來說，上學最好的時光是上學的第一天和最後一天。但所有其他日子都去了哪裡？實際上每一天都是同樣美好的，我只是沒有仔細地看待它們。時間過得眞的太快，真希望每天都會過得更精采。我們今天所經歷的是明天的回憶，我們常常不了解經歷的價值，直到它們變成了只是回憶而已。千萬別忘了這點！」蘿絲說著，並揚起了一根手指，使我想起了我自己的祖母。

「你越早真正了解時間的價值並有效利用它，生活中的成就就會越大。永遠無法改變過去，但可以從現在開始創造未來。千萬不要等！如果一直閱讀前一章，就無法開始生命中新的篇章，要成爲你想變成的人永遠不嫌晚。」她說。

這位老太太的話讓我更清楚地了解了「昨天和今天」，更明白了「今天和明天」的關聯。我想更確切地了解蘿絲的意思，以及現在該如何利用寶貴的時間，以至於在「今天」就能增加「明天」的價值，如同股票一般。當我撰寫人生的下一章時，我不能停止思考，如果我可以利用這些新知識來積極影響我的生活的股價，將會發生什麼事。

「蘿絲，當您說應該利用自己寶貴的時間，是什麼意思？」我腦海裡立刻想到典型的古老諺語，如「及時行樂」。不可能那麼簡單，畢竟這個婦人是憑著豐富的人生經驗才會有這樣的體驗。

「它是如何運作的，我怎麼知道在今天，什麼是重要的？」當我說這些話時，我意識到多年來，自己的生活只不過一直是在加快速度而不關注方向。儘管感到自己積極地利用漫長的工作時間中的每一秒，去完成無盡的工作，但是當我旁觀自己的日常生活時，在似乎看來如此成功的生活黑暗走廊中，竟聽到了蘿絲話語的迴響，越來越清楚地看到一個眞理：我從未眞正過得好，無關壓力的大或小，生活不好也不壞，不富也不窮。這些全是過往的產物，包裝在我對當下的思考中，一舉一動都會決定我的未來。

蘿絲回答時，柔和的聲音像大衣一樣籠罩住我：「**今天做點什麼，讓未來的你不勝感激**。有些人前晚上床睡覺，隔天不再醒來。這會發生在世界上的任何角落，無論年齡或貧富。這些人，如果知道這是他們的最後一夜，絕對會盡全力去度過這一天或這一個小時。請利用今天的時間，去改變一些事，讓你明天更快樂。」她說著，並抬頭看著我。「如果你和自己希望變成的人的距離無法縮小，那麼一天一天下來，痛苦就會越來越大。每秒與自己和你愛的人眞正地過生活，才能彌合這種差距。對你的孩子、所愛的人、家人和所有親近的人都如此。**你知道時間是一個禮物，是你只能得到一次的禮物。要有耐心，不要太著急，否則時間將是你的敵人。**」

距離起飛時間，
還有三小時〇五分

蘿絲談到關於我和自己希望能成爲的人之間的距離，對我而言變得越來越清晰。我可以更清楚地預測自己可以變成的人，和需要努力的方向的差距。這種感覺使我感到不安，因爲每一次新的定向時刻，都讓我更了解到以前一直沒有找到正確的方向。

「怎樣才能縮短這種距離？」我問蘿絲。「我清楚知道您在說什麼，我經常很清楚地在心裡感覺到這種距離，並想做些改變。到目前爲止，我都認爲如果能更成功，就可以改變一切。」每一次升職、每筆新交易、每一次電話內容，都是目前爲止達成的里程碑，但我仍在等待內心期待已久眞正的成功，一直以爲那會是我完全滿足的那一天。

蘿絲笑了，把手放在大腿上：「成功永遠是不夠的。當我還是個年輕女孩時，以爲如果擁有自己的房子，擁有自己的家和家人，就會感到很滿足。然後當我擁有了第一棟房子時，就很想得到一直想要的漂亮紅色跑車，是輛美麗的敞篷車配上淺棕色座椅，想像著自己坐在車裡。但當我擁有很多以爲會滿足自己的東西後，我不再尋找物品，而是從找其他人身上尋找自己的幸福。我一直在尋找生命中的拯救之路，希望有人爲我點亮黑暗的日子。一個伴侶、一個導師、一個助手、一個可以幫我承擔重責的人。一直期待遇見有魔法能力的人，在某個時候，我開始停止相信奇蹟，而且深感失望。今天從我這年齡的角度，加上在生活中多年來累積的視界，終於明白了事實：『每個人都可以成爲自己的魔術師。』人們常常只從觀眾的角度來看待自己的生活，有時人的一生都只坐在布幕前，只有當他們往幕簾後面瞧一眼時，魔力才能恢復，而且可以做到所有觀眾都無法知道的事情。傑森，我知道我所尋找的一切早就存在，我只需要知道我到底是誰，你不是存在於這個世界，世界存在你內心深處。」

彷彿早就知道這個婦人要對我說的事，雖然我之前未曾聽過。你怎麼能知道自己到底是誰？在內心承載這個世界？那不是等於到現在爲止，你都一直在欺騙自己？

「您是如何找到自己的眞實身分？又如何知道自己眞正想過的生活？您是否認爲很多人都不知道他們眞實的自己或想成爲什麼樣的人？」我問蘿絲。

她猶豫了一下。「你知道，」她輕聲說：「我認爲很多人從來沒有眞正開始尋找過，因爲他們其實不知道自己缺少了什麼。」她雙眼垂下，補充說：「直到爲時已晚。」

我們之間有了短暫的沉默。然後她說：「當我寫下遺書時，一切對我來說變得更清楚。」她指著腿，那雙腿坐在輪椅上一動不動。

「我的病，改變了一切。」蘿絲輕聲細語，但我清楚地聽到了每個字。

「我將如何記住我生命中的人？我不得不面對生命的盡頭，我想將自己的名字刻在人們的心上，而不是在墓碑上。當寫下遺囑時，終於明白了自己想要過的生活，那就是希望自己被親人永遠記住，這是一生中第一次知道自己是什麼樣的人，和眞正想成爲的人。終點會帶來很多的領悟，事後總是會比事前聰明一些，但這時通常爲時已晚。如果我可以許願，那就是再年輕一次，並且能夠知道我在這麼多年後才了解的一切。」

「您指的一切是什麼？」我專心聽並接著問。

「我一直這麼活著，以爲自己是不朽的，會永遠保持年輕，所以總是拖延很多事情，覺得可以等到明天再做。這些事包括遠大的夢想、重要的對話、和我最親愛的人相處的時間、跟自己獨處的時間。然而歲月流逝，一輩子就這樣過了。」她從輪椅往上望著我的眼睛。「我總是延遲歡樂的時刻，當我還是年輕女孩時，非常渴望能上大學。當成爲學生後，又非常渴望能夠開始工作賺取金錢。當開始工作、結婚，則非常渴望有自己的孩子。當成爲母親，又非常期待孩子去上學，以便有更多給自己的時間和工作。當再度回到工作崗位，孩子們都長大了，又渴望最終可以退休並放輕鬆度日。現在，我眞的就快要去世了，才意識到自己從來沒有正確地過生活。我常在想，我的一生都在等待。你千萬不要等待，否則將爲時已晚！傑森，向我兒子道歉的最好時機是二十年前，而第二好的時機就是現在！傑森，你要知道，每時每刻都是開始的最佳時間。」

距離起飛時間，
還有兩小時四十七分

穿黃色背心的年輕機場工作人員迅速轉過彎，朝蘿絲和我走來。

「抱歉，女士，處理事情的時間比我想像的要長一點，我們可以繼續了。」他鬆開了輪椅的剎車，在他推動推輪椅之前，我聽見蘿絲柔和的聲音，她輕輕地揮了揮手：「生命是一段旅程，傑森，死亡就是回家。旅途愉快！我們一定會再見面的！」

那人推著蘿絲的輪椅，經過展示所有航班訊息的大型面板後，朝著看似無止盡的離境大廳慢慢地消失在我眼前，此時我已經看不見她了，與她短暫的相識所帶來的樂趣，遠大於我問她問題可能帶來的失落感。我爲她感到高興，我想這位女士現在將飛回家，和美滿的家人團聚，我確定家裡的門是爲她開著的，燈也爲她亮著，所有人都會歡迎她回家。

我一個人站在與蘿絲交談的地方，剛剛她向我伸出手，打動了我的心。我仔細想了她對我說的一切，有種她早已經認識我的感覺，她所說的一切，完全反映了我的生活。我的確曾深信即將完成的交易將使我感到開心，那些金錢、權力、甚至同事們的嫉妒。但當我誠實地思考過去的所有交易時，我知道這些都不會改變什麼：我會實現目標，達成交易，然後毫無改變，這些我已經歷過很多次。突然領悟到，幸福與外部影響無關，僅與自我有關。

我在機場大廳的大型免稅店裡找到了瑪莉亞，在甜美的香水氣味環繞中，我告訴了她與蘿絲相遇的經過，從撿到的信件，到對自己一生中因爲沒去做的事而悔恨的心情。瑪莉亞專心地聽著，當她看到我因爲這些新的認知感到多麼激動時，她的眼睛閃閃發亮。她爲我感到開心，我可以感覺到，她是爲我感到驕傲。這是一種奇異的感覺，但是瑪莉亞感到驕傲的眼神，是這麼久以來，對我最眞實的肯定。

我買了一瓶香水給莉西，然後在收據和我拿到的購物袋上，寫下了蘿絲留給我的最重要的想法。

第五章

與印地安人諾瓦的邂逅

——深呼吸與吐氣，找回初心

機場工作人員剛剛注意到C30號登機口前有無人看管的行李。

「如果您遺失任何行李，請立即跟C30登機口的工作人員接洽。」廣播系統發出了通知。

難不成，有人撿到了我的東西……我這樣想著。立即回到C30號登機口，幾乎不敢相信自己的好運氣。我已經從遠處看到機場的工作人員，站在我之前坐過的地方。當走近時，卻跟我想的完全不一樣，這與我的遺失物無關。

前商場超級經理人，現在環遊世界的衝浪嬉皮羅伯，他的背包在記憶中猶如閃電般震撼著我，他要我幫忙看管背包，我竟然完全忘了。兩名工作人員和一個看上去有點像西方電影中印第安人的男人站在背包周圍，用懷疑的眼神問我：「背包是你的嗎？先生。」

「各位好，我非常抱歉，背包並沒有危險性。它是我朋友羅伯·柏伊特的，他請我幫他保管一會，但很抱歉，我忘了。抱歉造成了你們的困擾，也非常感謝廣播通知。」

兩名保安人員鬆了口氣：「別擔心，這種事情在這裡常常發生。您應該感謝這位先生，他發現了背包並通知我們。」他們指著站在離我們有點距離的另一名男子。

他應該五十歲左右，有著深棕色的皮膚，長長的黑髮和非常平靜的綠色眼睛。他穿著一種現代印地安人的服裝，莉西瑜伽課下課我去接她的時候，曾見過類似的服裝。這個人看起來像一個現代的印度安酋長，他拿起背包，一言不發地遞給我。

「非常非常感謝您，」我說：「你的眼力很好。」

「哪裡。」這位神秘的現代印地安人回話，我立刻注意到他深沉而鎮定的聲音。

「觀察事物而不要評斷它們……那是眞正的藝術。評斷不是去定義事物，而是衡量自己，只有純淨的觀察才是眞正的好眼力。」

「你的好眼力確實可以幫助我，我正在尋找我的錢包、護照及機票，請問你有看到嗎？」我滿懷希望地問。

「我看到一些，你身上帶了許多東西。」他平靜地回答。

「什麼？」我問。當我低頭看著自己時，其實上可以自己回答這個問題。大衣、手推車、筆記本、電腦包、夾克。我像驢子一樣背著許多重擔，卻丟掉了最重要的東西。

他沒有回話，我們只是面帶微笑地看著對方，不說話就能互相理解。我注意到他雙手都沒有拿東西，沒有提袋，沒有夾克，沒有筆記型電腦，沒有背包或其他任何東西，他是完全自由的。

這位男子這時靜靜地說：「如果你擁有的東西不多，會損失的東西也就少。我擁有不到一百樣的東西，重量減輕使我輕盈、自由、敏捷。擁有更少的物質，意味著簡化的生活。你擁有的東西也會擁有你，就像生活中的許多事情：少即是多。你仍然可以擁有願望，對微小事情感到開心，並在頭腦和心靈裡有更多的自由空間。這不是在說你不能持有什麼，而是不讓自己被占領。」

他對擁有少量東西能帶來的好處和自由的簡單想法讓我著迷，我馬上開始將自己擁有的所有東西在腦海裡回想，但光衣櫃裡的東西，就超過了一百件。

「我很高興擁有這些東西。」我說，並確實這麼認爲。擁有很多東西是錯誤的嗎？畢竟我爲自己擁有的一切努力工作著，這些所擁有的東西讓我感到驕傲。

「我相信你是這麼認爲的。但問題在許多人認爲擁有更多的物質，會帶來更多的歡樂。人們認爲財產與幸福之間緊密地連結，但從我幾乎不擁有任何東西後，我知道那不是眞的。在某處的某人比你幸福得多，即使他們擁有的東西比你少很多。對物質的追求剝奪了發展自我的機會，渴望擁有更多是你與未來簽訂的合約，只有當你的願望實現，然後擁有更多時，你才會眞正有幸福感。人們強迫自己不快樂，而他們追逐的東西其實不會改變任何事，只會讓你覺得更沉重和更難往前進，這使得目前的生活能夠感到快樂變得不可能。」

「你在哪裡學到即使擁有很少也能快樂呢？」我問這位神秘的印地安人，他似乎放棄了不斷地去追求所謂的幸福。

「這個故事可以追溯到很久以前，你想聽嗎？」他邊問邊把手放在我的肩膀上。

「我有時間！」我笑著說。「我的航班延誤了，還得在這裡待了一陣子。請告訴我你的故事，也許我們也可以用你的鷹眼尋找我的遺失物。」

我微笑著想到了今天從陌生人那裡學到許多興奮的事情，這些我根本不認識的陌生人。因爲我送給他們眞心的關切，也讓自己對生活有了無價的理解。這些人幫助了我，也許我的感激也幫助了他們，好像C30登機門的每個人都有一個令人振奮的生活故事，我也很想聽他的故事。

「來吧，我們坐下。」我指著登機門旁一排空座位，旁邊是擠滿人的大通道。我們彼此相鄰坐下，椅子的排列方式使我們可以看到兩個相反方向的移動步道，人們在我們身邊經過，如潮水般來來去去。

距離起飛時間，
還有兩小時三十二分

「我的名字叫諾亞。」那個男人用沉穩的聲音說，向我伸出了手。

「我叫傑森。」我回答，而且立即注意到他強而有力的握手和像是皮革般的皮膚，和他握手感覺就像是一本令人興奮的書的首頁。

諾亞說：「我來自加拿大，是在印地安最後一塊眞正的保留地，美麗的慕斯科卡湖附近的沃他莫豪克領地上長大的。一直到大約八十年前，那裡沒有電，沒有平坦的道路。我們擁有的東西非常少，但擁有無限的大自然恩賜。我從孩提的時候就知道我們家一無所有，擁有的東西都是從自然和未來借來的，我們不是從祖先那裡得到的，而是從我們的孩子那裡借來的。如果我們沒有小心地呵護它們，它們會永遠無法回到孩子的身邊。」

我立刻想到了兩個女兒賈達和安珀。他們不是從我那裡得到一些東西，而是我從他們那裡借了一些東西，我從來沒有思考過我生命裡物質流動的畫面。

諾亞繼續說：「一切都必須保持平衡。如果你從大自然中獲取某些東西，那麼就必須付出一些回報。不幸的是，我們生活在一個人們只想得到今天，而不去爲明天思考的時代。人們得到的遠遠超過了他們所能回報的，因爲他們想擁有的，比他們所需要的東西更多。大房子用來存放著許多的東西，許多汽車用來運輸大量的物品。我一直擁有很少，因爲我必須自己承擔。每增加一克載重，我的步伐就會縮短，旅途也會變得更加艱難。最富有的人不是擁有最多的人，而是需求最少的人。人們應該去愛人和使用物質，而不是只愛物質而利用別人，這是生活中最重要的課程之一。傑森，我有很多人永遠無法擁有的東西：**滿足**。」

諾亞看起來非常開心，以致於我眞的可以相信他。他眞的非常滿意自己的生活，繼續說道：「人生如同一場歷險，爲你準備了許多個人的任務，總有事情要做，要去學習和體驗。通常因爲你要做的事情太多了，導致有些任務反而被遺忘了，陷在許多待完成工作的深淵裡。太多的事情，往往會阻礙其實最重要的東西，你無法看見所有要完成的事。當你覺得自己做得不足時，請想像一下浩瀚的宇宙，宇宙中的星星比世界上所有海灘、草原和沙漠中的沙粒更多。重大挑戰永遠不是事實，而是你對事情的闡述。與大自然的力量相比，忙碌世界中問題的堆疊，幾乎是渺小而且看不見的。你一生中可以短暫忘記一些事情，這些甚至是你應該去忘記的。但是，有些事情上你必須每天密切關注並列爲優先，這是你的第一要務。否則這些事情永遠不會從許多干擾中再回到原位，如果你忘記它們，它們將永遠消失。例如你的家人，你必須像美麗的花朵一樣照顧他們，你千萬不要忘記他們，不然他們將會無法生存。例如你的朋友，將他們放在第一位，不然這些關係會因爲沒有根深蒂固的基礎，而被像滾入山谷的雪崩般連根拔起。**眞實而堅定的根基源自於多年的情誼，樹木只有在根深時才能結出果實。**」

我專心地聽著，然後諾亞問：「你是從商的人，不是嗎？」

「是的。」我立即說道。

「你的人生書桌是什麼樣子？」諾亞沉穩地問：「就像你辦公室的辦公桌一樣井井有條嗎？」

這個問題使我沉默了。想到了公司那個超現代化的辦公室，桌面非常整齊。對我來說延遲工作總讓我不舒服，所以都會馬上將手邊的工作處理完。桌上沒有文件，沒有混亂，一切都在它應在的位置上。我的書桌有光亮的表面，辦公室有乾淨的大面窗，一直爲自己整齊的辦公桌和在城市高樓裡豪華的辦公室感到驕傲。但是我生命中的桌子呢？它反而缺乏明確性、秩序、優先次序、結構、勇氣和決心！爲什麼我在生命中投入的熱情和精力比在工作上少很多？諾亞的念頭感動了我。以前從未遇過眞正的印地安人，甚至不知道他們仍然存在。他對生活中事物的簡單思考、圖騰中的語言、人與自然之間、身心之間、匱乏與需求之間的聯繫，我必須更了解他的信念，以及如何在生活中運用這些信念，使自己即使擁有更少反而變得更幸福。

短暫的思考後，我說：「我明白這一點，**擁有的越少，越能減輕負擔**。但是你在談論的是生活的當下。諾亞，這與你擁有的多少有什麼關聯，你如何活在當下？雖然我很開心今天能結識些朋友，但是當我想到今天的此時此刻，老實說，感到有些疲倦和惱火。畢竟，我仍然找不到遺失的錢包和證件。」

「你說的話顯示了你如何看待世界，這眞的很有趣！」諾亞答道。

「你現在想到達旅程的目的地嗎？飛機沒有誤點，帶著你的錢包和證件，抵達你眞正想去的地方嗎？」

「當然！」我叫了出來，想像著自己入住杜哈的旅館，心情終於可以放鬆，這有多完美！

「那意味著你現在與目標是分離的？」

「是的，這不是很明顯嗎？我和你一起坐在這裡！」這位神秘的印地安酋長到底想說什麼？

「那麼，你疲憊的身體和煩悶的頭腦，是否與你和你想到達的地方一樣彼此分離？」

現在我眞的聽不懂了。諾亞繼續平靜而輕聲地說：「你的身心是一體的，但是你正在談論兩個獨立的個體。人們這樣做是因爲憂慮自己身體的限度，心靈與身體的分離，是爲了提供身體繼續生存的安全感。」我仔細地聽著。「眞正重要的是身心的結合。你要在『存在』與『創造』之間進行區分，畢竟，你想成爲人，而不是『製造人』。你的意識不在身體裡，而是身體存在意識裡。你早就擁有眞正的不朽，不擁有生命，因爲你就是你的生命，這就是爲什麼永遠不會失去它的原因。很少有人知道這一點，因爲他們總是一直不斷地在尋找。」

「你指的是什麼?諾亞。」我困惑地問。

諾亞答道：「人們不斷地尋找想解決問題，這是我們的本性。部落中的長者告訴我們，尋找解答的願望，總是會爲你帶來新的問題，沒有問題本身，就會成爲一個新的問題。我們一直在尋找具有挑戰性的人或事物，希望可以解決問題，因爲沒有勇氣面對自己停滯不動的感覺。我們認爲如果能夠立即的改變，所有的問題都會消失，恐懼、孤獨、無聊等等，除非我們能與這些感覺共存，否則就不可能眞正放手生活在兩個極端的不朽中間。只知道贏或輸、黑或白，這種對眞相的追求卻總是使我們陷入困境。但是，對生命的信任終將帶你回到中心點，直到永生。」

諾亞不會有悲傷的感覺嗎?他如何處理失去的感覺呢？「悲傷的事情呢?當某件事悲慘地結束時，你心裡的感受又是如何呢?」我問他。

「沒有什麼事情是永遠的。**短暫痛苦的瞬間，卻闡述了生命的和諧，**

只有不與之抗爭，我們才能聽到它隨之而來優美的旋律。每個快樂總會包涵眞正的痛苦，即使我們認爲它們是互斥的，但它們始終是一個單一的個體。每一個終點都是一個新的開始，每個夏天過後都有一個冬天，我們始終希望阻止寒冷的冬天，逃離痛苦並抓住機會眞正體驗生活的美麗，但我們必須接受痛苦和歡樂這兩種感覺之間的聯繫。當它到達時，接受它，當它想走時，就讓它走。」

「我不是完全地明白，諾亞。當然，一切都是短暫的，這是合乎邏輯的，但是你如何在極其失望中體會美麗的夏天呢？受到傷害和感到悲傷難道不是正常的嗎？」我說。

「當然，但是逃避卻使你連這個問題都無法回答。我們遇到的每一次挫折和失望都動搖了我們創造的現實，當人們感到痛苦、恐懼和孤獨時，會立即開始逃跑以尋求安全感，找回良好的感覺。人們竭盡全力擺脫痛苦和追求喜悅，當苦難進入我們的生活時，我們會盡一切努力去結束它。人們會試著分心，利用其他人或新藥物，試圖在短時間內緩解痛苦。請注意觀察你的反應！當生活裡出現痛苦時，你往哪裡跑？你一直逃避去眞正了解痛苦和找尋如何讓它立即消失的可能性，人們會因爲對自己生命中最重要的體驗感到恐懼而關閉了自己。在最大的痛苦中敞開心懷，用柔軟的身段和愛注視著恐懼和不安全感，就可以得到立即的解脫。迎接自己的恐懼，張開雙臂用清晰溫柔的眼神來面對傷痛，就可以立即緩解所有緊張和痛苦。在一個你一無所知的世界中，完全的信任會給你帶來眞正的智慧，並提醒你永存於內心的不朽。」

我若有所思地問道：「諾亞，如果我內心一直存在著不朽，但我無法感覺到，要如何再次找到它？」

諾亞笑著慢慢地點了點頭。「傑森，你知道什麼是對你好的，我欣賞你的好奇心。你可以控制自主意識的感知，那些你無法主觀感知到的反而會掌控你，你必須學會不斷地回到自主意識，否則你將迷失在失去意識的茂密森林中，徒勞地尋找不朽的精神，而沒有意識到生命卻慢慢地從手指間流失。」

距離起飛時間，
還有兩小時二十分

然後他將食指指向鼻尖，「深吸一口氣！」諾亞說。

我能聽見他透過鼻子深呼吸，深入肚子，短暫地屏住呼吸，然後從嘴裡吐出來。他重複了兩三遍，並請我一起做。我感到奇怪，但還是嘗試了。起初什麼都沒有發生，但是在第三次深呼吸後，我有了一種非常有趣和新奇的感覺。我周圍的步伐似乎正在放緩，聲音變得更安靜，能量也改變了。似乎每一次呼吸都減緩了世界的速度，愉悅的內心平靜籠罩著我，感覺就像可以吸進平靜，呼出忙亂。

當深深地呼吸時，我們的目光相接，諾亞說：「現在就是那個瞬間，你就在這找到永生。一旦感覺到這樣的瞬間，就充分去享受它，感受這瞬間的質感。因爲一旦失去了那一刻，它將永遠不會回來。傑森，每一次的呼吸都是一個新的瞬間，唯一的眞實時刻。它只存於此刻，沒有欲望，沒有遺憾，只有這一獨特的瞬間，那是你可以建立自己對生活的熱愛的時刻。在這樣的片刻立即全心投入，並爲每一次新的呼吸感到高興，追尋它的美麗，你在那一刻是就是不朽的。

突然，我的手機鈴聲大作，打擾了其他人。那是安琪拉。

「傑森，聽著，」她用冷酷的聲音說。「交易已經確定，我把其他競爭的公司解決了，你所要做的就是簽名。」

「妳怎麼這麼快就做到……」就像往常一樣，她打斷了我：「傑森，雖永遠不會做到最好，但總是會有其他的辦法，別忘了！」其他的事她隻字不提。我在沒有正確聽完她說的之前，甚至就已經忘記她說的話，好像我根本沒有眞正聽到過。就像冷風吹在厚外套上一樣，她的話並沒有完全傳達給我。這是長久以來，我第一次眞正覺得自己不需要手機。

諾亞也沒有手機或筆電。但是我感到在無窮的自然和寧靜中，即使沒有高科技和訊號，諾亞與他周遭環境之間的聯繫仍然比其他很多人更好，他有一個眞實而穩定的連結。

這個隱形的連結是從哪裡來的？我問他：「你如何與周遭環境保持連結？」

他說：「希望在將來能擁有一件事的渴望，或者在對未來不能擁有另一件事的恐懼，會讓人生病。如果你一直生活在未來，那就是搶奪你的現在，人們就是這樣才失去連結。恐懼和欲望是思想清晰和心靈純潔的最大敵人，也會阻礙連結。自我意識讓人們對現狀不滿，這就是爲什麼這麼多婚姻破裂的原因，也是爲什麼擁有很多的人，永遠無法長期感到幸福的原因。恐懼和渴望是所有悲傷的源頭，鎮定的精神和開放的心靈則是人的本質。人心冷靜，猶如寧靜清澈的湖水，陽光直射可見底，直達心靈。生命總是將新的土壤帶入湖中，恐懼和壓力會讓土壤旋轉，使水變得渾濁。透過平靜和正念，你的湖泊將再次變得平靜而清澈，土壤會沉到湖底，視野再度光明。停下腳步是關鍵，停歇的力量使你成爲思想之王，並平靜你的思想之湖。」

「平靜，那是理所當然！但是休息……」我回答。

「如果休息太多，不就會比其他人能完成得更少嗎？你想這麼說吧？」諾亞說：「永遠不要將自己與他人比較，那是所有不幸的根源，你的人格發展開始於你停止做比較的地方。」

諾亞用平靜的語氣講述了一個關於滿足和停歇所帶來力量的故事，我可以看到從他口裡說出的每個字，就像電影的畫面一樣：「在炎熱的天氣裡，一個充滿目標的人試圖擺脫自己的影子，尤其是他心中黑暗的地方。他不斷努力直到筋疲力盡而死，但如果他稍事休息並坐在一棵大樹下，他的影子就會立即消失。」對了解自己實力的人來說，休息是神聖的，它從來不是停滯。**放慢腳步會帶來平靜，平靜可以提高精準度，從而提升速度，平靜才是真正的高效率。**真正的休息帶來的純淨，就像是一面雪白的畫布，可以創造出富有想像力和帶有清晰思想的藝術品。

此刻我內心感到的平靜，就是他所說最好的印證。我停歇了一下，不是張開嘴，而是突然徹底地打開了我的心。

距離起飛時間，
還有兩小時十一分

我在諾亞旁邊坐了很久，什麼也沒說。我感覺很好，輕鬆且溫暖。在過去的幾年中，我已經適應了一種壓力水平，只有當我第一次安靜地坐在那裡時，我才能理解它的強度。並不是現在風浪和混亂消退了，而是我發現了自己內心的能力，儘管壓力很大，但我卻能找到屬於自己的平靜。感覺就像是寂靜的中心，深入我的內心。我從沒想過呼吸會對我的身體產生如此大的影響。

「很好，不是嗎？」諾亞溫暖而舒緩的聲音，撫慰著我。

「是的。」我輕聲說：「安靜眞好。」

諾亞點點頭。「沉默永遠不會空虛，它充滿了答案。我從小就知道沉默是尊重的象徵，當其他人都希望你大聲說話時，能保持安靜是很棒的。著名的神秘主義者魯米曾經說過：『是雨使花朵長大，而不是雷聲。』在我發言前冷靜地思考，這是榮譽和眞正的尊敬。不發一語卻能發出訊息，能使國王成爲上帝。人們可以閉上嘴，但是他們永遠不會關上耳朵。」

諾亞談到了清晨時分加拿大的湖泊，當光滑如鏡的湖面像一扇大窗，它的清晰度使深處的視野變得清楚時，落在湖面上的每塊石頭都會激起漣漪。特別是在恐懼、悲傷、死亡或疾病的情況下，對諾亞和其它來自最後一個眞正印第安人社區的住民來說，沉默始終是力量的符號。他說：「但是，正是這種沉默，常常使我的同胞們被認爲簡單、愚蠢和野蠻。在我長大前，我從沒想過大自然、大湖、寬闊的山谷和茂密的森林是『野性的』。將我們趕出生活空間的人們將『荒野』視爲『野蠻』，他們認爲那裡存在著危險，因爲他們不知道會發現到什麼。對我們來說，自然是溫馴的、美麗的，是一個禮物。那些不花時間去眞正了解事物的人，常常忽略了眞正的美麗。傑森，當你開始如祝福般過著生活時，就開始眞正感到自己是被祝福的。」

我聽著他的話，今天我第一次感覺到陽光透過跑道後面的大窗戶照在我的臉上，我以好似慢動作的方式觀看飛機起降時，心裡感到溫暖。

諾亞繼續說：「勇於體驗空虛，相信一切。對新事物的迷戀，往往掩蓋了舊事物的美麗，下次你呼氣時，請閉上眼睛。」

我才剛認識這位神秘的印第安人，但他帶給我的寧靜使我相信他。感覺就像呼吸在慢慢地降下我的眼瞼，使我在密閉的眼瞼後面的黑暗中，感到更強烈的舒適感。彷彿必須先閉上眼睛，我才能看見一整天發生的事。

我感覺到自己的呼吸，感到胸腔抬起又放下。現在，我透過呼吸，感覺到空氣慢慢通過鼻腔，像在一個陌生但寂靜清晰的地方，像是有許多老朋友正歡迎著我。

「聽聽你周圍發生的事，傑森。」我從遠處聽到諾亞柔和的聲音。即使他望著遠方坐在我旁邊，因爲我的呼吸如此之深，突然能聽到一切。遠處售票櫃檯的聲音，旅行箱滾動的聲音，就像我可以看到並觸摸到聲音。

「再次成爲身體的一部分，感覺能量觸手可及，所有想法都會慢慢消失。傑森，去看看你的想法。」諾亞說：「讓想法像雲一樣經過，藍天永遠在你身邊，你的想法就像天氣，讓它們來來去去。」

我感覺像是自己靈魂的觀察者，突然可以看到自己的想法，而且讓它們繼續前進。在這種平靜中，我有力量簡單地鬆開看似重要的事情，讓我能享受溫柔而安全的當下。

「感覺太陽在你的胸口升起，傑森。」我聽到諾亞說。「照射到你心中的小光束越來越大，充滿了你的整個身體。溫暖的陽光從頭經過你的脖子和上半身、腿、腳直到指尖流動著。陽光繼續流入身體，但它卻從未溢出，是種溫暖、安全、無盡的感受。這種光芒撫摸著你的靈魂，像手臂一樣圍繞著你的肩膀。」我感覺到他的每句話，似乎像用最細膩的筆觸，在我的腦海裡塗最美麗的色彩。諾亞繼續說：「現在，你正慢慢回到自己的體內。感覺你坐的椅子，試著把腳踩在地板上。感受周圍的環境，感知氣味，聽聽周圍發生的事情。慢慢睜開眼睛，把你從寂靜中體驗到的一切，都帶入你的一天之中。」

當慢慢睜開眼睛時，我彷彿重生了。我感到自己平衡地著陸，感覺獲得恢復和放鬆。好像諾亞在我心中點燃了一把火，我的頭上閃耀著光芒，溫暖籠罩著身體，我從未有過這樣的感覺，安靜的片刻就像柔軟的枕頭般舒適。

「剛才發生了什麼嗎？諾亞。」我說：「你是怎麼辦到的？」

「我什麼也沒做，傑森。是你想法的力量做到的，那是一個回歸於你的旅程，回到你內心的平靜和認知。當你到達那裡時，不是回到這個世界上，而是世界回到了你心裡，那是很多人永遠都找不到的地方。一旦可以看到自己的想法，就會找到這個地方。然後，你能活在當下，又與自己合而爲一。你描繪出的圖像和你內心關於這個圖像的想法間是有差異的，那聲音只存在於你的腦子裡，這種聲音不斷告訴你不幸是思想和澆灌的種子的創造，不應該讓它開花結果。一旦你識別出這種聲音，它就會立即消失，而你的心就會醒來，意識到眞相和當下，你與自己合而爲一。如果你只能意識到當下，這種聲音就不會存在。」

「但是它是如何運作的呢？」我問。

「剛剛你所經歷的，很多人稱之爲冥想，我則稱它爲回歸的旅行。這種自我發現的過程已經在我們印地安部落中實行了數百年，你會找到源頭。」當諾亞談到其實每個人心裡都有這樣的力量，去尋找清晰和幸福的源頭時，我專心地聽著，很多人對這樣的源頭並不熟悉。「對於許多人來說，他們長久以來，從來不知道去利用這個隱藏在每個人心裡的力量，與該源頭失去聯繫的人會明顯感到自己缺少某些東西，他們不是活在當下，但這是唯一通往源頭的道路。他們一生中都在尋找替代方案，尋求另一種力量來源，但總是徒勞無功。他們轉向寄託於錯誤的希望，從而影響了自己的生活環境，以獲取他們認爲必要的東西。尋找新夥伴、新地方、新事物，然而他們幸福之源其實就在他們心裡。當你閉上眼睛並停止尋找錯誤時，通常會意識到事物的美麗和答案的清晰度，你就會去找源頭。重要的答案就在自己身上，只需要找到你可以不斷回到原點的道路。」

諾亞繼續說：「我們每天做的和想的事都表明了我們的信念，有時我們必須修正航向，指南針在這裡，我們可以發現正確的道路。」諾亞指著他的心。

「這不是關於我們會到達的目的地，傑森，而是我們在旅程中即將成爲的人。藉著冥想，回歸的旅程以及自省的時間可以幫助你停止時光的流逝，從不停的運轉暫停一下，成爲你自己的思想觀察者。」諾亞現在以他沉靜堅定的眼神直視著我。

「只要你有意識地感知某些東西，煩惱就會消失。擔憂只會出現在移動的思想中，就像飄在風中的葉子，它永遠不會確定方向。但鳥則會快速的高飛，筆直地前進，並具有清晰的視野和明確的目標。」

我再次問他要如何處理悲傷、嫉妒與恐懼，這些不斷出現在我身上的感覺，經常束縛著我的身體，是否可以透過有意識的思想力量，簡單地治癒這種痛苦？

於是諾亞談到了身體的魔力，這種魔力使有毒的思想和感覺立即消失。「下次當你感到消極的想法或感覺出現時，有意識地尋找體內的魔力。去感覺手掌、手臂、肩膀，感受全身的能量。當你這樣做時，這些想法就像缺乏空氣無法呼吸似的，就會消失無蹤。」

我立即嘗試了一下，當試圖感受手指的能量時，我感覺到腦中很多想法的雜音突然平靜了下來，這時諾亞笑了。

「這種能量是長者傳下來的秘密，每天我們都有新的可能性去觸碰到奇蹟，在雨中跳舞，不會只是弄濕而已，當某件事需要比你想像的時間更長時，把它當成這是寧靜的片刻，將帶給你祝福。你可以訓練耐心，不是只有等待而已。只要你找到生活中的小奇蹟，風的阻力就會平息，憂慮將立刻消失，畢竟它們無法在具有神奇魔力、充滿意識和思想的頭腦中找到位子。」

諾亞是對的。每當我有意識地想到某件事，每當我期待最簡單的事情，每當我的想法不是僅在徘徊時，我就沒有煩惱。諾亞悄悄補充道：

「環顧四周，每個人都在試圖跟你解釋什麼是好的，什麼是壞的。傑森，你生活中的事情不受任何規則的約束，它們不是正面或負面的，生活中的每件事情都是無價的，是中性的，平靜的。眞正的自由是，你自己爲事件賦予價值，可以自行制定規則，並且自己擁有控制力。然後你的心靈海就平靜了，像鏡子一樣平坦，沒有波浪，沒有聲音。你什麼也聽不到，你可以決定方向，你就是大自然本身，你可以像鳥一樣可以從上方清楚地看到所有事物。知道這種從外面觀察的感覺嗎？當某人遇到難題時，或與朋友的關係出現問題時，你會立即知道解決方案嗎？」

「是的，我清楚地知道你的意思。」我回答。

「你知道解決的方法，因爲你不讓自己陷入困境，傑森。如果你相信當下，把自己帶到更好的位置，你的思想力量將發揮同樣的作用。你會成爲靈魂的觀察者來尋找答案，這些答案通常只有保持中立的人才能看到。你人生中最大的責任就是忠於自己，向自己而不是向其他人證明任何事。每天早晨，給屬於自己的沉默幾分鐘，閉上眼睛深呼吸，像一棵健康的樹一樣，思想的力量會成長。忠於自己，態度溫和清晰，只有內心的聲音才能體會這樣的感覺。當這種感覺出現時，你會馬上體會。」

「我要怎麼知道呢？會感受到快樂嗎？」這絕對不是那麼容易的，我繼續問：「所以你說我的幸福取決於對自己的忠實嗎？」

「你如何與他人相處顯示了你如何與自己相處。你內心的聲音，對自己的忠誠，在你最充實的日子裡會得到迴響。這種聲音永遠是對的，它會把你帶到最大幸福的至高點。它一直是存在的，但是你必須放棄一些其他的東西才能再次找到它。呼吸，閉上你的眼睛，讓世界的腳步停下，放輕鬆，內心的聲音會和你對話。傑森，你可以自行決定它帶來的價值！」

我問道：「我怎麼能決定它的價值？諾亞。」感覺就像是一個年輕的印地安人從酋長那裡知道了生命的秘密教義一樣。

「你是個商人。如果你在一個專案上投入很多，會發生什麼事呢？」

「它會變得越來越重要，越來越好，越來越有價值！這是當然的。」

「是的，那就是生命中所謂內心的聲音，傑森。如果你對生活中的事物給予更多的關注和賦予它更多價值，如果你對它們進行更多的投資，它們將自動變得更有價，並以不同的方式與你進行交談。你可以突然聽得非常清楚而且了解所有內容。如果你誠心地欣賞一個美麗的夏日早晨，它對你的價值會立即增加，並且你會看到其他人看不見的多面向。每天的第一縷陽光，在空中輕聲飛翔的鳥，清新的空氣，鮮花的香氣和新的健康的一天，內在的聲音告訴我們，看似無形的東西其實帶有無限的價值，請你仔細聽。

距離起飛時間，
還有一小時五十七分

我思索了很久，諾亞所提到內心的聲音和瞬間的價值。我記得自己一生中做過某些事，儘管我清楚地知道那不會是正確的決定。我發現那就我內心的聲音，就像是諾亞所說的，我對自己的忠誠，顯現出了真正的價值。我只是不能完全聽到那個聲音，但那聲音總是正確的。我一生中最大問題的解答，和每個新的時刻帶來的快樂，此時此刻，早就是我的一部分，我只需要相信自己內心的聲音即可。這個想法使我平靜了下來，也帶給了我安全感。

諾亞輕鬆地環顧著機場的大廳。吵鬧、喧囂、聲音很大，所有的噪音似乎都被他的平靜變得安靜無聲。每個人都拉著一個裝滿過去的行李箱，沒有人有空間再去容納有無限可能的未來。我今天在C30號登機口遇到了一些人，他們幫我打開了我的行李箱。

諾亞的目光在看似無止境的登機門前徘徊，他輕聲說：「這裡的每個人都有他們的目的地，前面有他們的黑暗時刻和心中最高的山峰，有些人只是不知道如何登上高峰。」

「你想說的是什麼呢？諾亞。你認爲很多人迷路了嗎？你不覺得大多數人看起來好像非常清楚知道他們要去哪裡，不是嗎？」

「很多人甚至都不知道有這樣一條道路，他們只是追趕其他人，就像在機場一樣。只有了解自己，能找到自己道路的人，才能開始眞正地旅行，還可以教你一些事情並告訴你他曾造訪過的地方的故事，你現在不坐在飛機上的事實，帶你開始了眞正的旅程。」

我深思了一下他的話，非常確定能理解他想告訴我的事，即使今天還沒有離開機場，我也到達了一生中曾走過的最遠的地方。

當我沉迷於諾亞帶給我的許多想法時，沒有意識到諾亞一直都沒有穿鞋子。我沒看錯嗎?他眞的打赤腳?

「諾亞，可以問一下，你爲什麼不穿鞋嗎?」我覺得有點奇怪，鼓起勇氣問道。

「用皮膚直接接觸大地是很好的，在我童年時期的部落中，年紀較大的人常常不穿鞋，在神聖的土地上坐著或睡著，以有更深入的思考和感受。傑森，我們一直在遠離大地，待在高樓大廈遠離其他人，和支撐我們、賦予我們生命，比所有人更了解我們的土地保持距離。與自然融爲一體，你可以做自己，大自然會爲你提供一切而不求回報。感受它的美麗，去散步、去欣賞它創造出來的藝術品，看看它產生的奇觀，將有以難以形容的喜悅和眞理回報你，沒有失去自己腳下土地的人，會更容易清楚地經歷人生。」

這番話使我印象深刻：「這聽起來眞不錯，諾亞!但是不穿鞋在這個機場裡走不是很奇怪嗎?在森林或草地上，我能理解，但是在登機門前並沒有大自然。」

諾亞笑了笑，看著他面前的地板，舉起兩隻手掌，輕聲說道：「每件事都有個性，傑森，唯一的區別是形體。知識無處不在，大自然和周圍環境一直是我的圖書館。有了石頭、樹葉、大地、瀑布、動植物，我們總是與這個世界分享風暴和祝福的喜悅，我們已經學會了只有那些從自然中學習，並感受到美的人才能學到的東西。我們從不埋怨暴風雨、強風、極冷或極熱的氣候，因爲埋怨是沒有意義的。我們只有適應，從未抱怨。所以，我在這裡也感受到了大地的祝福，因爲它承載了我並移動了人群。」

「是大地移動人嗎？你不認爲是人們在大地上移動嗎？」我懷疑地提出疑問。

諾亞說：「生活就像爬山一樣。你可以不斷地抬起頭，往上看看目標。但通往目標的過程就是一場冒險，大地總是帶給你許多新的知識，始終回頭看地面不斷贈予你的高度，從不同的新視角看到的許多場景都是美麗的，從山頂上和目的地眺望，從字面上最眞實的意義看來，也就是已經達到了最高點。但是傑森，永遠不要以爲旅程已經結束，只是因爲你已經到達目的地，大地還帶有你尚未走過的臺階，因爲每一次登峰都會爲你提供新視野清晰和勇氣，讓你看到下一個高峰，繼續攀登。你的旅程永遠不會結束，因爲你不只會征服這座山，而是一次又一次地征服自己。透過探險獲得的新體會是幸福的不竭源泉，只要你不停地移動，就可以感到快樂。進步就是喜悅，幸福的反面不是不幸，幸福的反面是無趣，與無趣相反的是熱情，找到令你興奮的事物，你會感到幸福，這是你以前無法想像的力量。你的熱情是通往人生中最美好的日子和最高的山脈的途徑！」他站起來，握住我的手，輕聲說道：「祝你旅途愉快！」

「諾亞，等等！你要幫助我找到掉的東西！」我叫著。

「停止尋找，你就會發現比以往任何時候得到更多的東西！」他說完然後離開。

我看著他剛坐著的椅子，這究竟發生了什麼事？是我做夢嗎？我朝神秘的印第安人諾亞走的方向看去，只看到混亂的人群，與諾亞剛剛提到最深刻的思想帶來的平靜相比，這個世界似乎正忙碌著。我站起來尋找瑪莉亞，立即發現與往常有所不同，感覺好像我可以突然越過機場的混亂，諾亞所說的使我比以往任何時候都擁有更多的視野。我可以從旁觀察，而不會被像狂野大海般移動的旅客和無法控制的狀況而影響，我能感受到呼吸，我可以理解這一刻，我比所有人都了解。

經常在書裡或在電視上聽到人們說「活在當下」，我從未認眞看待過，也從未相信過。以前這些對我來說，都是神秘宗教的戲法。但是，現在我明白了這件事的意思，從機場大廳裡從一位在保護區長大，不穿鞋的老印地安人那裡學到的，腦子感到從未有過的清晰，彷彿能以慢動作看到了周遭的世界。

瑪莉亞和她的清潔車一起在機場大廳盡頭的銀色電梯大門前，就在餐館旁邊，我之前在那裡與梅爾一起吃過三明治。我走到她身邊，非常從容地看著她的眼睛，並講述了諾亞的故事，他幾乎什麼都沒有，但仍然擁有一切，講述了他與自然的連結以及使有毒思想消失的平靜。關於我閉上了幾分鐘的眼睛後，我就能感受到的強大思想力量。如果我每天早上都按照諾亞的建議去做，那會怎樣？我告訴她，我想聽自己的內心聲音，來成爲一個更好的父親和丈夫，我想少思考，多感受。想向莉西和孩子們表達他們對我有多麼重要，想像以前一樣陪在她們身邊。

瑪莉亞從她清潔車上的垃圾袋中拿出幾張舊的便條紙，我在上面寫下了諾亞告訴我的一切。瑪莉亞看著我，感覺她眞的爲我感到驕傲。

第六章

與迪拉拉和艾敏夫婦的邂逅

——因愛而愛，成為孩子的典範

「傑森先生，我有東西要給你。」瑪莉亞的手從圍裙裡伸出來說。

我簡直不敢相信自己的眼睛，她微笑著拿出我的錢包、護照和機票。

「瑪莉亞，這太不可思議了。」簡直不敢相信自己這麼好運，我攬起她的脖子，大力地擁抱著她，開心地把她抱起了幾公分！我所有的證件都在，甚至信用卡和現金都還在錢包裡。我高興得幾乎飛了起來！久久不敢置信。

「妳在哪裡找到的？」我興奮地問。

「就在登機口，在你今天早上坐的位置，證件剛好掉在座位和座位之間。有時候，你要尋找的東西就在附近，只需要稍加仔細觀察就可以找到它。」

我高興得微笑無法停止，這太不眞實了！這時只機場廣播的聲音才使我回到現實：「乘客傑森・庫波爾請到C30號登機口報到，乘客傑森·庫波爾請到C30號登機口報到。」

「你是庫波爾先生嗎？」機場工作人員在C30號登機口問我。

「是的。」我咧嘴一笑，仍然充滿喜悅。

他笑著說：「我也想爲你的公司工作。我們剛剛接到了從通用航空站包機和私人飛機服務處打來的電話，你的公司已經爲你預訂了前往杜哈的私人飛機，請跟我來，我幫你拿行李，我們必須動作快一點。」

我高興得大笑。「難以置信，這眞令人難以置信。」我不斷地說著。對我來說，顯然這是非常特別的一天。我不知所措，在C30登機口的那段時間，我遇到許多令人興奮且難忘的人，收集了好多的新知和寶貴的想法，現在又能乘坐私人飛機飛往杜哈，完成我一生中最大的交易。我感到立於不敗之地，喜出望外，充滿活力。瑪莉亞聽到此消息會怎樣，我簡直不敢想像。

我們朝通用航空站邁開了迅速的步伐，已經可以透過落地窗看到那架白色的小飛機了。那一刻，突然感到手機在震動，有人打電話給我，一定是安琪拉和同事們想告訴我這個好消息。當我接電話時，我聽到了莉西的聲音，聽起來與平常不太一樣。

「傑森，我需要你在這裡，我需要你的幫忙。安珀今天在學校……」我很高興聽到她的聲音，但打斷了她：「莉西，親愛的，我現在不能講電話，我必須趕飛機，要坐私人飛機去杜哈，今天早上的我的航班誤點，我的證件本來不見了，但現在又找到了。無論如何，公司剛剛給我包了架私人飛機，這太棒了不是嗎？今天我遇到了一些非常令人興奮的人，有時間我再慢慢告訴妳。我現在必須快一點，等降落並完成交易後再打電話給妳，好嗎？」

我什麼也沒聽到。「哈囉，莉西？」她掛電話了嗎？一定是收訊不好。我感覺暴風雨要來了，天空變成了深灰色。

在颳著大風的停機坪外面，噴射小飛機側面的小階梯正爲我伸展出來，手機再次響起，又是莉西。

「親愛的！」我說：「剛剛通話斷了，現在不是講電話的好時機。」由於嘶啞的風和正在運轉的發動機，幾乎無法聽到她在說什麼，但可以感覺到事情不妙。

「傑森，我愛你，但你已經不是當初我嫁的那個人。我們的家需要你，我再也不能獨自做這件事了，可是你總讓我別無選擇，只能嘗試一個人去做。」我聽到她在哭。「我再也辦不到了，對不起，等你回來時，我們再談。」

在回程前不久

時間像停滯一般，我幾乎無法握穩手機，眼淚湧了出來，就好像所有曾經生活在我體內的蝴蝶同時死去一樣。

「你還好嗎，庫波爾先生？你必須立刻登機，你的班機有必須遵守的起飛時間，而且現在這種天氣已經很危險了，如果我們不立即起飛，你今天就飛不了了。」我聽到機場工作人員從很遠的地方在對我說。

想了一會，我說：「不！我不飛了！」

我在機場裡洗手間的鏡子裡看到自己，眼淚從我的臉上流下。我的雙手支撐在水槽上，我感到無力與絕望。我失去了一切：我的妻子、我的孩子、這筆交易和我的工作。

我將自己鎖在廁所裡，身體癱在地板上。當慢慢閉上眼睛時，周遭變得漆黑且安靜，就像我的一部分快要死了，這是第一次想到如果自殺會怎樣，誰會眞爲我哭泣？誰會站在我的墳墓旁？

又這樣過了好長一段時間。

一陣敲門聲才把我帶回現實。

「傑森先生？」我聽到了瑪莉亞優雅而柔和的聲音，我把一切都告訴了她，我以前所未曾有過地向她敞開心房。這些話從我身上噴湧而出，把我從沉重的負擔中解放出來，我卸下了面具，她聽到我說的每句話，便緊緊地擁抱著我，只說：「你的光芒會再次閃耀的，傑森先生。」我們的目光在此最後一次交會。

有時以眼淚洗清過的眼睛，才能看到新的事物。我現在確切地知道我該怎麼做，在那一刻做出了一個決定，在一生中，很少決定會讓我有這麼好的感覺：「我必須回家！」毫無懷疑地，我拿了我的包包和所有證件起身，所有人都朝我走來，但我卻朝另一個方向走。我感覺他們在看著我，但他們只看到了他們想看的東西，昂貴的西裝，看似富裕的生活。

人們不想要房屋，而是想要他們認爲房屋中所發生的一切。每個旁觀我生活的人都想要進到裡面。但是，從生活中向外看的我，只想要出去，只想要回家。我終於停止和其他人做比較，我現在所做的，正是呼應這種自己對成功和進步下定義的新發現，人們無法成長的原因之一，是因爲他們害怕自己必須放棄的一切。因爲如此，他們對生活裡的所有可能的機會反而視而不見。

我擦了擦眼淚，感覺自己的任務越來越清晰。我想回家！我朝這個方向邁出的每一步變得越來越快，因爲每走一公尺，越感到自己走在正確的道路上。在一道長長的自動扶梯上，那位現在成爲一名輕鬆衝浪客的前超級經理人羅伯突然來到我身邊，現在他已經取回了背包，想必是要前往C30號登機門，搭上飛往杜哈的班機。他看著我，彷彿完全知道今天我的生活中發生了什麼。他對我眨眨眼，只說一句：「安全回家，我的朋友！」

我感到一股難以置信的能量，整個身體充滿了信心和喜悅，彷彿看透了所有的障礙、疑惑和後果。現在只剩下一個目標：我想回家，回到家人身邊！

回家的路上

我改了去杜哈的機票，準備搭乘下一班最快的飛機回家。我買了四張去薩丁尼亞島一個小村莊聖提歐多魯的機票，那是我和莉西蜜月旅行的地方。我準備在那裡向她和孩子們證明，我可以再度成爲以前的那個丈夫和父親，和莉西結婚的那個男人。一家人的旅行，充滿眞摯的愛和眞誠的關懷，沒有時間或工作的壓力。

我等不及要再見到莉西和孩子們了，航班準時出發，我感覺好像長出了翅膀，第一次可以從上方看到全世界。我將頭靠在座椅靠背上，感覺飛機起飛後慢慢升至飛行高度，周圍的一切都平靜了下來，我正在回家的路上。

突然間，一聲巨響在機艙傳出，我嚇了一跳，立即環顧四周。發生了什麼事情？是意外嗎？我發現一個小男孩在身旁的那排座位上爬來爬去，這才放下心來。他全神貫注於他的遊戲，發出了一聲尖叫。我微笑，看著他玩了一會兒，注意到這個男孩玩得有多開心。單獨一個人，沒有玩具，只靠他的想像力。不知道他是否知道這種天賦有多珍貴？他的想像力給了他翅膀和力量，能飛得比這架飛機還要高。

「對不起，他實在是個好動的小傢伙，」一位年輕女子說，她坐在我旁邊的那排座位上。

「他是遺傳我的，哈哈！」然後我聽到了她旁邊一位男性的聲音。

兩人都開心地笑了。顯然他們是一起旅行的小家庭。

「對不起，先生。」那人說。「我的名字叫艾敏，她是我的妻子迪拉拉，小孩是我們的長子柴克。」

我說：「有趣的男孩，他似乎很開心。」

他們倆都笑了，艾敏回答：「他是個孩子，當然很開心，他仍然看得到魔法。」這位年輕父親的話使我感到好奇，今天經歷了很多珍貴的談話，這對年輕夫婦讓我想起了剛和莉西談戀愛的時候。我想知道關於孩子的一切，他談到的魔法和這對年輕夫婦間的愛。今天，我學到了人生中最重要的幾堂課，現在知道，我永遠不會停止學習、詢問和聆聽。我正在執行一個任務，這也許是最後一次拯救我和家人及生活的機會。

當我看到小男孩還在他年輕父母的座位扶手上攀爬玩耍時，我說：「我常禁止孩子們做某些事。我有兩個女兒，賈達和安珀，她們都還很小。禁止他們做某些事情並給他們明確的規矩是我身爲父親的職責，尤其是當我很少陪在她們身邊時，不是嗎？你們沒有對小柴克訂下任何規矩嗎？」

這對年輕夫婦大聲笑了起來。「規矩是一定有的，但這些規則其實大部分只適用於我們，而不適用於我們的孩子。」

「你們說的是什麼意思？」我馬上問：「請一定要解釋給我聽。」可以預想接下來的對話會變得很有趣。

「孩子們需要的是榜樣，父母不是批評家或是老師。孩子很少做你要求他做的事情，但是他們會模仿你展示給他們的一切，他們是非常好的模仿者。正是這種能力使他們能夠很快學習最複雜的過程，例如說話、站立、行走、繪畫。他們只是模仿自己看到的所有事物，因此我們爲自己設定了明確的規則，只向柴克展示可以使他進一步成長的事物，好榜樣具有好忠告的兩倍價値。」

這種立場傳換的觀點讓我印象深刻，並立即想了解更多，這聽起來很有道理。我回想起某些時刻，當看到其他父母對他們的孩子失去理性地大吼大叫，在孩子面前大聲爭論著他們那些前後矛盾、沒有紀律、不道德、不誠實或惡毒的言語。意識到孩子們只是模仿父母所做的一切，這是一種全新的感覺，我立即想到在家裡應該做不同的事情，想到了那些我經常違反的規矩，不該是爲了孩子而訂，而是爲了我自己！

我說：「這是一個非常寶貴的想法。人們常常因爲考慮太多小孩的未來而忘了當下的瞬間，和小孩會模仿大人所做的一切。」

「對，」迪拉拉說：「將孩子的未來預設在現在的生活之前是很危險的，它常常阻礙了這些重要思想的視野，現在此刻才是最重要的。」我回想起與諾亞的談話，了解到當下的關注對孩子很重要，而不僅僅是我自己！我一直在想明天孩子會變成什麼樣子，忘記了孩子已經是今天的某個人了。我一直為了未來塑造他們，其實我應該每秒鐘都為他們感到高興。

「在什麼時候成為孩子的榜樣很重要？」我問。

艾敏回答得理所當然：「從一開始。」

「從一開始？無論孩子多大？孩子們不是都不記得很小的時候發生的事情，至少我是這樣。」我試著回想我最早的童年，但是完全沒有印象。

「你的回憶就像一個孩子在沙灘上漫步，永遠不知道你會撿起什麼小貝殼或石頭，並將它們永遠保存在一個小寶藏箱中。即使你並不知道盒子裡面有什麼，但寶藏會永遠存在那裡。」

我一生的回憶被收集在某個地方，即使我不會總是看到它們。當艾敏在補充說明時，我仍在思考這個想法。「童年的記憶永遠長存。像未乾的水泥一樣，落在它上面的所有東西都會永遠留下清晰的痕跡，這就是為什麼我們現在特別注意柴克收集的記憶，以及我們為他樹立的價值觀是什麼，向他展示了什麼眞理，養育堅強的男孩，要比修補破碎的男人容易得多。」

「你們是怎麼認識的？」我問艾敏和迪拉拉，我很想聽這對年輕夫婦的故事，並了解他們的特別想法來自何處。

「我們都是演員，」艾敏回答：「我們在布爾薩的土耳其國家劇院認識的，我們一起演出，結識與你有相同熱情的人總是很特別，這減少了很多歧異。我們讀了同樣的書，有著對生活、價值觀、群體和眞實性的相似態度。」

「在眞實性方面的相似之處又是從何而來呢？是因爲你們都是演員的關係嗎？」

「是的。」迪拉拉說：「正因爲我們熱中於擔任不同的角色，所以彼此之間一直都是絕對的眞實、透明。誠實地面對我們所有的弱點和人格的多面性，這才是眞正的連結和夥伴關係。扮演一個角色，會創造另一個永遠不會眞正存在的世界，那只存在於別人對你的想法中，但缺乏靈魂。」

我想過很多次我對莉西並不完全誠實，我所扮演的角色讓我感到多麼的空虛，就像披著毫無生氣及源於恐懼的戲服，我總以爲可以穿上它來掩飾心底最深的眞理，現在迫不及待地想永遠擺脫這套服裝。

艾敏說：「誠實和開放是我們每天都在努力的藝術。」他談到兩個人之間的誠實聯繫，就像一塊畫布。上面的顏色是最深刻的情感，透過眞實的情感帶來的無限力量，彼此清晰的眼神和溫柔的觸摸，流入了眞實群體的美麗畫像。

迪拉拉說：「表演總是關乎臺詞之間發生的一切，人們感受到劇情背後的故事。這是關於人，而不是戲服，我一次又一次地看到人們愛上花朵和花瓣而不是根。等秋天來了，樹葉凋落，許多人卻不知道該怎麼做，愛被丟棄，直到明年春天才開始再度尋找。歲月流逝，在尋找新的美麗的過程中，人們忘記了自己，成爲自己生命之戲的演員，戲服是他們用來取悅人們的工具，他們會穿上群眾喜歡的戲服，因爲這是與群眾建立連結最簡單的方法。在此過程中，許多人忘記了回到現實生活，從不停止演戲，也不停止繼續掩飾自己的缺點。即使是缺點，對於內心而言也是完美的，心永遠是愛你的，爲此你必須敞開心胸，眞誠地展現眞實自己，要變成眞正的你需要勇氣，最難的一場演出是必須演自己。」

即將降落……

我們的飛行途中遇到些亂流，用餐時我吃著裝在小塑膠碗裡的沙拉，試圖在搖晃的機艙中不讓食物掉到腿上，迪拉拉突然坦率地說：「柴克是個意外！」我立即感受到迪拉拉的眞實性，就像透過一個乾淨的窗戶，我突然看到一切，她讓我看到她的靈魂。「但我們立刻欣喜若狂，幸福往往不會像每個人所預想的那樣，總是突然地出現。中獎的彩券也必須事先有購買才行，孩子是世界應該繼續前進的創造性決定。我們現在是一個家庭，我們需要彼此。」

我很好奇：「這意味著孩子使你們之間的愛和共同體變得更強大，因爲你們現在彼此需要嗎？」我想到了一種目的共同體，我想知道眞正的愛情是否會受到外部環境的影響，也許這對年輕的父母是彼此需要而不是彼此愛著。

艾敏微笑著解釋了愛的重要性，這是因爲你已經準備好了，而不是因爲你寂寞：「我們的愛不是因爲需要才去愛一個人，而是因爲你愛他們所以需要他們。」

這個簡單的句子讓我深思，因爲它使我想起了那些時候，我無法區分愛與習慣、需要與想要、給予與接受、找尋與找到。這對夫婦對我不知道的愛究竟了解了什麼？畢竟他們還很年輕。

「你們到底是怎麼知道這一切的？」我繼續問下去，希望他們能提出一些好建議。

艾敏和狄拉拉笑了：「我們只是做感覺正確的事情。」

艾敏補充說：「即使沒有人會知道你做過，去做正確的事通常是最好的方法。」艾敏伸直雙臂環抱著迪拉拉：「而且我們做的許多事情都是不尋常的，不是天天會發生的。」她看起來好像眞的在艾敏的胳膊上有家的感覺，這個家不是指用手建造的房屋，而是純潔的心充滿溫暖的家。

「妳是指什麼呢？迪拉拉。」我想知道是什麼使他們與眾不同，能過與其他夫妻不一樣的生活，我能在飛機上遇到的這對年輕演員夫婦中，發現幸福婚姻的秘密嗎？

「我們經常像孩子一樣！」迪拉拉說，他們又笑了。「一個孩子沒有適應能力，這就是我們的生活方式。我們彼此愚蠢，不自以爲是，永遠不忘記我們這個共同體的樂趣。成年人會打仗、爭論、找到惡毒的話語，但孩子們卻有無限的想像力來編寫故事。我們不會設定生活必須是什麼樣子，因爲這樣只會限制它。生活會向我們展示它想要成爲什麼樣子，所以總會有新的、無盡的可能性出現。也因此我們會一起享受時光，共同成長，讓我們的生活變得美好。」

「那你們是怎麼做到的呢？」我現在很想知道，回想起與莉西在一起時最美好的時光，當我們一起大笑時，那一瞬間彼此都充滿了快樂。這些瞬間像是太陽從雲層後照出來，在它碰觸到的每個人的臉上時，撒滿溫暖的微笑。這些短暫的美好時刻，往往是在不知如何的情況下發生的。艾敏和迪拉拉學會在每一天都領悟這種感覺嗎？如何總是能這樣生活呢？

「愛總是被贈予，絕對是自由的。我們不是因爲想被愛才去愛，我們單純地就是想去愛。找到一個因爲你的獨特性而去愛你的人，當你找到那樣的人時，你就找到了眞愛，你的心會告訴你該做些什麼來鞏固彼此的共同體，那些通常是看不見的事情。」迪拉拉說的是一種外界永遠看不見的內部連結。**「彼此相愛的人就像是兩棵獨立的樹，雖然成對靠得很近，但相距也夠遠，才可以各自成長和發展**。很少有人知道，樹木並排站立的根部其實早交織在一起，它們將樹木牢牢地固定在地上，只要它們眞正緊密地結合在一起，就沒有風暴能夠移動。找到眞愛永遠是追尋的終點，把愛表現出來雖然是一個很小的開始，但卻可以創造出非常大的效果。」狄拉拉說，她和艾敏每天都互相表現對彼此的愛意，即使他們早已擁有對方的愛。

「我的家人來自義大利。」迪拉拉面帶微笑著說。這也許可以解釋爲什麼當她對愛情、喜悅、情感、家庭和凝聚力充滿信心時，不停地比手畫腳。她不斷重複地說，一個家庭中沒有人會被忘記或被拋在後面，這個小家庭不在乎他們的生活有什麼，但是他們始終知道，伴隨在生命中的人是最重要的。

「我是到了少女時期，才來土耳其的。出生在羅馬的一條小街，柯拉托撒比諾街，家就在熱鬧的羅摩利咖啡店樓上。每天早晨，我聽到大型濃縮咖啡機發出的蒸汽聲和咖啡館裡顧客們交談歡聲的笑語，他們的談話聽起來就好像是歌曲，因爲他們之間的交流充滿了喜悅，新鮮的糕點和烘焙咖啡豆的氣味，總能讓我回想起自己的童年。」我專心地聽著迪拉拉述說，感覺幾乎聞到了咖啡豆和糕點的味道。

「我慣於表現愛和感情，『言語』的力量往往很微弱，它們常常是所有誤會的根源，『感覺』要強得多，雖沒有說出口，但總是呈現出最眞摯的一面。人們總是想知道他們能做些什麼來使世界變得更美好，如何結束戰爭並實現和平。其實最重要的是回家去愛你的家人，因爲一切都從這裡開始。在家庭中，總是充滿著感情、溫暖的擁抱、眞正的眼淚、誠摯的喜悅，這些令人興奮的情感，是發自內心，而不是源自頭腦。」迪拉拉說。

我不得不想起過去經常發生的情況，當語言從我口中釋出，常常會變質，眞正的事實沒有呈現出來。

艾敏補充說：「人們常常害怕表現出愛，因爲擔心自己無法被愛。不要只是說『我愛你』，而是要在說出這句話之前，使它成爲眞實的感覺。

愛在每個人心中，並在等待被釋放，這不僅是爲了別人，而是爲了你和你的幸福。」

這對夫妻好像了解關於愛情和伴侶關係的一切，我一直以爲自己是唯一一個了解這些關係的人，所以這更讓我感到驚訝。艾敏和迪拉拉視自己爲經驗不足的初學者，並對無數關於愛情和學習過程的理論深表敬意。艾敏說：「你一定得終生學習愛情，並對美好的事物完全信任，這樣才能自己體驗到眞正有益的事物。」

「但是那些不是擁有就滿足的人呢？那些傷害和欺騙他人的人呢？」我提出疑問。

「**如果你心存懷疑，世界將永遠是負面的。唯有對好的事物存有眞正的信任時，才能爲你提供及找到愛所需的安寧。**」迪拉拉說：「爲了永遠不會忘記好的事情，最重要的是一次又一次地提醒彼此。例如我和艾敏在黑色的筆記本中互寫訊息，我們各有一本，不斷將想法寫到彼此的筆記本裡，這些都是我們共處時間的紀錄，記下的都是好的事，因爲有價値的東西應該被記錄下來。」迪拉拉邊說邊給我看了那個黑色筆記本，艾敏也有一本。

我可以看到書中有明信片和貼著的照片，這兩本筆記實際上包含著這對夫婦一起經歷過的一切，以及將他們倆連結起來的事物。這兩本筆記就像他們愛情的靈魂，呈現在他們彼此分享每一天的感受，以及彼此表達出來的思想和言語。只要瀏覽這些頁面，就可以將自己置於當初一起經歷並互相贈與的情境。筆記中不是只是文字和圖片，還包括了感情的回憶及其共同的故事。他們記錄了寫給對方的每一句話，就像在最寒冷的冬天，能找到最美麗的花朵一樣。

我知道可以用相簿做紀錄，但是我發現他們運用共同筆記本的這個方式更好。

「可以問一下，你們在筆記中究竟寫了些什麼?」

艾敏遞了筆記給我：「我們總是將各種想法和感受寫到彼此的筆記中，然後交換。我閱讀迪拉拉的想法，迪拉拉閱讀我的想法。這些筆記是我們之間的基礎，每天都會增加新的經驗和新的詞彙。裡面也寫下了我們的價值觀，我們所相信的一切，給對方的鼓勵，以及關於我們一起經歷的是事情和想法。我們互相寫卡片、信件還有提供照片，給予彼此勇氣，共享所有的恐懼和想要捕捉的時刻。常常人們低估了共享體驗、觸碰、漂亮的詞語、微小的關心所帶來的力量，而寫下這些是共同記憶的最佳方式。筆記本中的文字是我們可以互贈獨一無二的禮物，因為這需要時間和真愛，連接我們一切的，是這兩本筆記，這種關係是不朽的。

我喜歡艾敏和迪拉拉寫下他們的想法然後交換筆記的點子。我想像著有一本筆記，莉西在我們的婚姻中，寫了她關於我和家庭的所有的想法，那將會是多麼美好的一件事，我多麼希望能常把自己的想法寫給莉西看，在那些我即使想留下，但卻不得不離開的時刻。透過一本簡單的筆記，我想像著自己會如何努力讓時間倒轉，並一次又一次地將最美麗的感覺帶入生活。為什麼我從未想到過這樣的事情？有多少珍貴的言語在過去就這樣消失了？把想法寫下來是很普通的事，但是把想法寫給某個人卻是很特別的。

「當我一個人或感到難過時，只需打開其中的一頁，閱讀艾敏關於我、我們和家庭的想法，就會對我們共同的生活再次感到欣喜。」迪拉拉這麼說。我想知道如果在和莉西的關係中也有這樣的筆記本，不知會有多開心？

「這眞的是個好主意，更重要的是和伴侶可以一起記錄彼此的感受、價值和目標，會是一件多美好的事。人們會以完全不同的方式彼此了解，而不僅僅只是共同生活而已。」我堅信這個新的想法，也想嘗試一下。

「言語就像一個鏡頭，聚焦於靈魂和內心，使人看得清晰。但如果你眞的想了解內心，必須能夠先看到它們，才能把這些言語寫在紙上。」艾敏說。

「可以請你解釋一下嗎？語言被寫在紙上之前在哪裡？在想法中嗎？」我問。

艾敏回答說：「有一種古老的練習：與你愛的人眼神交會十五分鐘，你就會發現以前從未見過的事物。試試吧！」

我想不起來上次深情地看著莉西的眼睛是什麼時候。我常常害怕看著別人的眼睛，因爲我不希望他們看透我的一切，以爲只要不正視別人就能保護自己。我是否必須捨棄這種保護措施，才能爲了莉西眞正堅強起來並給予她真誠的愛？

我越了解艾敏和迪拉拉的現實生活，就越清楚地看到了在真正良好和健康的關係背後，需要做什麼樣的努力。我確切地知道爲某件工作努力的含義，但是我從未將其轉移到我伴侶的關係中，一直認爲只要愛另一個人就已經足夠了。

「愛是基礎，是根基。愛情的建立，是基於結合在一起的力量，儘管每段關係中，日常生活中的絆腳石常常造成了阻礙，例如那些誘惑、單調、孤獨和恐懼。但愛永遠不會結束，那些了解愛的人，能夠與他們的伴侶共同建立一個家，因爲他們不需要再去尋找，因爲已經擁有了一切。彼此間沒有條件，有的是眞正的寬恕，充滿了自由與信任，和完全的信任。愛情建立在每天存在的一切之中，伴隨著在生活中偶有的意外情況，帶領我們共同成長。愛不會去做評斷，它可以提供一切而不要求回報，只有無所求的心才永遠不會被傷害。」

艾敏接著說：「迪拉拉和我不斷地嘗試一次又一次地墜入愛河。」他說到再度相見背後藏著的神奇力量：「如果一對夫婦已經兩三個星期沒見面了，那麼……」

「……他們會期待再次見面！」我立即回答。回想起在我無數次的出差後，自己有多麼期待再次看到莉西。

「尊重和愛是房子的地基，但是新感受帶來的魅力會讓房子充滿活力。如果不能一次又一次地墜入愛河，並從規律的生活中中有新的感受，就像帶走每段關係中呼吸必要的空氣，大多數婚姻也因而失敗。隨著每一天，伴侶關係也會因此變得無聊，不可抵禦，沒有新意。」

我問：「但是彼此每天都見面，如何才能夠不斷發現對事物有新的感受？」當他們一直都在一起，艾敏又怎麼可能一次又一次地愛上妻子？

「如果相隔三週之後某人對你來說變得新奇，那爲什麼不能在一天之後也有同樣的效果呢？」艾敏問。

他許下了承諾，每天見到妻子迪拉拉和小柴克，就好像很久沒見到他們一樣。他想每天在他們身上尋找新的體會，而且他都得到了。他想每天與他們建立全新的關係，即使沒有分開很長的時間，對他而言，再次見到他們的時候，都是他每天小小的情緒高點。艾敏說他每天愛上一個新的女人，就是他的妻子。

「保持最新狀態最簡單方法，就是告訴對方他們有多棒，他們有多大的成長進步以及有多新的轉變。把這些在他們身上發現的新感受帶入生活中，人們聽到自己備感尊重的機會不多，尤其是伴侶和孩子，你釋出對他們及其行爲的尊重，以及對他們存在你生命中的事實充滿感激，這將強化他們對自己所作所爲的認同。每天誠實地讚美，對方將會呈現給你一個全新的樣子，這個人會因爲你相信他的偉大而愛著你。」

我被這種有趣的伴侶關係所吸引，但我得問當情況變得困難時，他們如何處理，這對夫婦不可能是無敵的。

「如果出現問題怎麼辦？你們如何面對彼此犯的錯？」

艾敏回答說：「重心放在困難的日子，嚴格衡量對方的錯誤而忽視那些快樂的時光，是不公平的，但人們常常沒有意識到就這麼做了。」

「他們爲什麼這麼做呢？」當我提問時，想起很多次忽略了和莉西共度過的寶貴時光，只因爲我專注在意見分歧的爭執。

艾敏談到一種所謂的稀有性，這是一種心理的過程，它使大腦只關注在較少發生的事情，這就是稀有性。他說：「作者和導演在戲劇或電影中常常很自覺地利用這一現象來敘述故事，我們做為演員都知道這個原則。生活也是一樣的：你總是記得我討厭你的時刻，而不是我愛你的時刻，這主要是因爲正常人際關係中發生困難的情況，相對於良好或中立的互動發生的頻率比較低，這種比較少出現的情況，反而使失誤顯得更加明顯和嚴重，能夠選擇原諒別人的人有著天賦，能記住陽光的明媚，而不是只看得見陰天。」

「換句話說，這就是**把注意力放在好的事情上，尤其是當事情變得困難時。**」我說。

「是的，而且眞正重要的關鍵應該是在關係開始之前。」

「這是什麼意思呢？」我想知道艾敏說的，難道是爲了結識彼此而安排的約會或美味的晚餐嗎？但是他在談論更基本的事情，因爲他的每一句話讓我對典型的伴侶關係的看法完全改變了。

飛機機艙內昏暗的燈光和引擎的嗡嗡聲營造出一種令人愉悅的平靜：「我今天看到很多年輕人的人際關係，從一開始就建立在錯誤的基礎上。

開始時你很開心，有墜入愛河等等的感覺，但是這種感覺遲早會變得困難重重。有一些大師級的思想家已經發掘並解釋了這種現象，例如埃克哈特．托勒的著作中就提到過，這種感覺會改變你的世界。他用這是一種行爲模式來解釋：首先是愛，然後衝突成爲常態，存有愛與恨的關係通常根本不是眞正的戀愛關係，只是兩個人透過互相依賴，使彼此感到滿足。這種滿足感的確可以在一段時間內把自己帶入對方的生活，在短暫的時間內感覺到伴侶似乎是新的幸福感的來源。但通常在一段時間後，發生了伴侶間從未想到的事情，失望動搖了伴侶關係，恐懼和不安全感再次出現，但是這些情緒其實一直是存在，只是由於你認爲是愛的感覺，把它們在短時間內遮蔽住了。」

我專心地聽著，突然明白艾敏談到兩個人依賴的含義，這種關係對許多人來說就像毒品，伴侶在短時間內麻痺了你所有的疼痛，但是這種藥總會有作用減弱的時刻。它停止運作，痛苦仍然存在，並且比以前更加劇烈，這時你將伴侶視爲痛苦的根源。

「愛現在變得討厭，希望使伴侶改變他的行爲來再度實現自己的願望，從而減輕痛苦，痛苦和孤獨變成爲這些伴侶關係的基礎，每一次的事件，每個因痛苦而造成的依賴，都會永遠以痛苦結束。」

我問：「任何能暫時緩解疼痛的毒品只會在事後使病情加重。如果大多數人際關係是源於痛苦和錯誤的基礎，那你怎麼能去改善它呢？」

「只要你知道自己的痛苦不是眞實的，那只是思想的產物，你就會在痛苦中突然發現快樂，但快樂其實一直都在你的內心，知道這點你就不再需要藥物了，能再次找到生活的狂喜。你再也不會去評價自己或伴侶，終於擁有眞正的自由了。你有滿足感，非常快樂並愛著自己，才能眞正地去愛別人，因爲不再因爲想被愛而才去愛，或爲了減輕痛苦而愛，而是你爲愛而愛。愛永遠都在，你不會失去它，每個人都擁有它，它把一切聯繫在一起。但是，如果你只想從人際關係的痛苦中尋求救贖，你就永遠會感到痛苦。如果了解這種關係可以幫助你找到自己的愛情，那麼你將眞正實現你的願望。」

「那這樣就不會再有爭執了嗎？」我難以置信地問。

「給你的伴侶實現自我的空間，所有的事就容易多了。指控、攻擊或藉口只是讓你以爲能減輕痛苦，以爲事情會照你的想法進行。」

座艙的廣播聲短暫地打斷了我們：「女士先生們，我們現在將降低飛行高度並開始降落，請繫緊安全帶，將前方的桌子歸位，並請豎直椅背。」

這對年輕夫婦對愛情、孩子、寬恕、基礎、自愛以及對珍貴日子的關注使人著迷。我繫上安全帶時說：「你們倆應該寫一本書，我絕對會買。一定會有很多人從你們對愛情和家庭的想法中受益。」兩個人都笑了。

「謝謝你，你太客氣了。誠實、開放和自由地共同過生活是最好的導師。兩個人的幸福就像一對翅膀，它們必須敞開才能看似輕盈地在空中滑行，愛和誠實的性格是合而爲一的，找到這兩個寶藏之一，兩個都將成眞。旅途愉快，很高興認識你。」

大型飛機平穩地著陸，將所有的認知牢牢地植入了我的生命中，我比以往任何時候都更加堅定，我可以感覺到我正在接近最重要的目標。陸續下機，機艙慢慢地空了，但是我還坐了一會兒，從前座後背拿了一個紙袋，寫下我理解的所有想法。

旅程的結束與新的開始

我的旅行就像乘坐一部時光機。

我就像來自未來的遊客，帶著新知回到了現在。經過行李領取處往出口的路上，我看到了吸菸室和今天早上去過的咖啡廳。我扔掉了整包香菸，買了一瓶白開水而不是咖啡。我的想法非常清晰，走向離停車場最近的路。

坐在從機場回家路上的車裡，突然知道那是什麼樣感覺。這種無法言喻的感覺，就像是眞正的滿足，讓身體充滿了力量和陽光。我緊握拳頭，感覺身體內部的齒輪契合完美，這眞的是正確的決定。

我無法停止微笑，整個身體充滿活力。目光第一次掃過高速公路旁的風景，曾經多次駛過這條路線，但從未眞正看到路邊的景色，從來沒感受過這些外在的事物。樹木的葉子在風中輕輕地來回移動，橙色而暖和的陽光穿過樹，溫暖著我的臉。站在無盡的廣闊大地上的七個巨大的風力渦輪機正緩慢轉動，我能感覺到呼吸，一種自由的喜悅。我從未體驗自由的滋味，或考慮當獲得自由時能做些什麼。這就像一直生活在門開著籠子裡的鳥，突然第一次了解其實可以離開鳥籠自由地飛翔。

我等不及要見到莉西和孩子們了！過去幾年我到哪兒去了？我是誰？我突然隨著收音機大聲唱歌，享受著每個字，我在座位上舞動著，跟過往汽車中的人們微笑，我終於又回到了正確的軌道！

發生了什麼事？一次航班的延誤以及與七個完全不同的人的相遇，是如何在我身上點燃如此難以置信的火焰？我沒有答案，但是當下對自己做出了承諾：我將傳遞今天所學到一切有關生活及其所帶來的無限可能性。從與羅伯、瑪莉亞、梅爾、蘿絲、諾亞、迪拉拉和艾敏的對話中，馬上想到好多朋友、熟人、同事和家人，會透過這些新的想法以完全不同的眼光看待世界，就像我現在所做的一樣。

生命是一段回家的旅程，我要把我的經歷說出來，我要把它們寫下來並送給人們，這是今天發生在我身上難以置信的幸福！

回到我的應屬之地

在快到家前的幾公尺，我開得很慢。無法抑制的精力變得非常平靜，幾乎似無重力般地滑過家裡附近的街道，看到我美麗的家。

當我接近它時，從房子散發出來的溫暖，第一次感覺像是在緊緊擁抱著我，歡迎似的光芒從大窗戶後面照出來，我感受到眞正的生命。

停車之前，我深呼吸了一口氣，微笑著從後視鏡中看自己。我的眼睛是清晰的，眼神是友善而快樂，溫柔並帶有一點光芒。

下了車走到前門，當把鑰匙插入門鎖中時，我覺得自己正在開始一個全新的人生階段。我轉動鑰匙，打開門，立刻感到很舒暢。壁爐是開著的，聞到我最喜歡的肉桂葡萄乾蘋果派的味道，我聽到孩子們爲我回來感到高興！

「爸爸，爸爸！」客廳傳來大聲的尖叫。

我在開放式廚房裡看到了我的妻子。她的眼神看起來很驚訝，但同時也出現了以前很少見到的喜悅，她笑了。我感到喜悅的眼淚在我的眼中聚集，臉上露出燦爛的笑容。我放下行李並輕聲說：「我終於回家了。」

結語

別忘了自己內心的旅律

每個進入你生命裡的人，都是指導人生方向的輔助工具。

希望這次旅行的故事，也能幫助你爲生活帶來眞正的和平與快樂。這條獨特的道路沒有目標，只有至關人生的重要發展，它將幫助你在每一步中成爲自己。

你曾是個孩子，在過去學習了人生最重要的課程，將來你會把這些課程應用在生活裡，但最重要的是，在此期間不放棄，並誠實地欣賞每個片刻的價值。

從現在開始，你能夠再次看到奇蹟，重要的不是去尋找，而是去創造。太多的人對美麗視而不見，即使它常常近在眼前，如果一直被恐懼和欲望所包圍，就無法逃脫自己創造的籠子。

每個當下以及每一個新觀點，將帶給你力量去實現自己，創造自己的現實。

本書中描述的技能，可以使你克服恐懼，貪婪和痛苦。你將按照更高的原則過生活：感恩、仁慈、眞理、寬恕和愛。

你的注意力已經轉向，從頭到心，從自己到世界。你不再需要想像，因爲可以再度清楚地看到。知道什麼都不會是眞正屬於你的，因爲在某個時候必須再次歸還它。

生命的恩賜就像一首優美的音樂，我們的內在小孩有時仍會聽到它，但是我們一直忘記它的存在。當你不再注意它，在某個時候突然播放了最後的一個和弦，一切就爲時已晚了。但是今天你可以再次從遠處靜靜地聆聽生命之歌，會知道：我們的旅程絕不僅是目的地，也不僅僅是終點，我們在一生中可以盡情的唱歌和跳舞。

即使你無法馬上理解它們，也請相信伴隨你人生之歌裡的旋律和辭彙。沿著這條路行走，爲旅行而旅行，忘了目的地，並把最有價値的東西贈與他人，幫助他們再次聽到屬於自己的旋律！相信別人的善良，看到在別人身上他們自己看不到的東西！告訴你最親愛的人關於在他們眼前的旅程、人生之歌和道路！

很榮幸成爲在這裡與你相會的人：而今天，會是你新生活的第一天。

致謝

如果沒有下列幾個非常特別的人，這個故事是永遠不會發生的，我永遠無法表達出我完整的謝意！

媽媽、爸爸、尼克、路克、蘭妮、傑里米、利亞姆、巴布和柏塔——你們是我最棒的家人。我們都有一種瘋狂的莫克理奇家庭的特質。

獻給我美麗的貝利，你是我的摯愛，也是給世界的眞正禮物！

感謝烏特・弗洛克浩斯，妳眞的很棒！珊卓拉・柯柏斯和我所有GABAL出版社的朋友，感謝你們對這個故事的信任！感謝克里斯汀娜・馬汀和馬汀・查荷。感謝我在阿姆斯特丹的藝術夥伴亞瑟・拉馬克和拉菲爾・庫契尼。

感謝我的兄弟里昂・史德奇和盧卡・基德魯斯奇，感謝你們一直以來的支持！史黛拉和基羅，感謝你們在美麗的瓦勒斯漢之家的寧靜時光和神奇氛圍。

但特別要感謝的是看著本書的你……

當我寫下這些字句時，正坐在一個小小的竹棚裡，位於印度尼西亞迷人的吉利梅諾島白色沙灘上。太陽正要下山，紅色的天空，背景裡柔和的音樂，美好的一天即將結束，我在想，我知道你把這本書讀到這裡，對我來說有多感動！祝你在回家的路上一切順利！

我要向你的心靈傳遞我最眞摯的祝福！

你將會是最棒的！

你的粉絲馬修 :)

Eurasian Publishing Group
圓神出版事業機構
用心與你對話・網野無限寬廣
圓神出版社
Eurasian Press

www.booklife.com.tw reader@mail.eurasian.com.tw

圓神文叢 281

C30登機門的心靈旅程：改變一生的六場邂逅

作　　者／馬修・莫克理奇（Matthew Mockridge）
譯　　者／張蒓・黃亦君
發 行 人／簡志忠
出 版 者／圓神出版社有限公司
地　　址／台北市南京東路四段50號6樓之1
電　　話／（02）2579-6600・2579-8800・2570-3939
傳　　真／（02）2579-0338・2577-3220・2570-3636
總 編 輯／陳秋月
主　　編／吳靜怡
責任編輯／林振宏
校　　對／林振宏・歐玟秀
美術編輯／林雅錚
行銷企畫／詹怡慧・朱智琳
印務統籌／劉鳳剛・高榮祥
監　　印／高榮祥
排　　版／陳采淇
經 銷 商／叩應股份有限公司
郵撥帳號／ 18707239
法律顧問／圓神出版事業機構法律顧問　蕭雄淋律師
印　　刷／祥峰印刷廠
2020年10月 初版

定價 310 元　　ISBN 978-986-133-729-6

改變你看東西的方式，將會改變你看到的東西。

——《C30登機門的心靈旅程：改變一生的六場邂逅》

國家圖書館出版品預行編目資料

C30登機門的心靈旅程：改變一生的六場邂逅／馬修．莫克理奇（Matthew Mockridge）著；張蒓 譯. -- 初版. -- 臺北市：圓神, 2020.10
224 面；14.8×20.8 公分
譯自：Gate C30
ISBN 978-986-133-729-6（平裝）
1.自我實現 2.通俗作品

177.2　　109012062